JN272218

ドイツ株式法

ヴェルンハルト・メーシェル 著

ドイツ株式法

小川浩三 訳

桐蔭横浜大学ドイツ法講義シリーズ２

信山社

小川浩三先生を通して，原著作者の了解を得て出版するものである。
Ⓒ Wernhard Möschel
All rights reserved
Japanese translation Rights Ⓒ 2011 Kozo Ogawa

序　　言

　ドイツ株式法は，深奥におよぶ変化の途上にある．この変化の特徴となるのは，2つの発展である．これは，一方での会社法，他方での資本市場法がますます一体となってきている発展であり，この領域に対するヨーロッパ共同体法の影響が増大している発展である．

　本教科書は，これらの発展を考慮に入れながら，ドイツ株式法の伝統的構造についての情報もないがしろにしないということに努めている．この教科書は，2009年3月に桐蔭横浜大学で行われた講義を基にしている．本講義への招聘とアレンジは，村上淳一教授にご配慮いただいた．翻訳の労は，小川浩三教授にとっていただいた．この場で，両教授に心からなる感謝を申し上げたい．

　2009年4月　チュービンゲン

　　　　　　　　　　　　　　　　ヴェルンハルト・メーシェル

目　次

序　言
　法令略記号

第1章　株式法発達史 …………………………………… 3
　A　フランス商法典までの株式法の発展──貿易会社の
　　　特許主義 ………………………………………………… 4
　B　フランス商法典の影響下でのドイツの発展，1843年
　　　プロイセン株式法 ……………………………………… 7
　C　ドイツ一般商法典から商法典へ ……………………… 9
　D　商法典から1937年株式法（AktG）へ ……………… 12
　E　1937年株式法から1965年株式法まで ……………… 15
　F　1965年以降の株式法の発展 ………………………… 16
　G　将来への展望 ………………………………………… 19

第2章　株式法総論 …………………………………… 21
　A　株式会社の経済的機能と意義 ……………………… 22
　　Ⅰ．企業金融の道具としての株式会社（22）
　　Ⅱ．投資としての株式会社（23）
　B　株式会社の本質的メルクマール ……………………… 25
　　Ⅰ．団体的性格（25）
　　Ⅱ．固有の法人格（26）
　　Ⅲ．株主の無責任（27）
　　Ⅳ．基礎資本金（29）
　　Ⅴ．企業組織（30）
　C　他の会社形式との境界線 ……………………………… 31

目　次

   Ⅰ．人的会社に対する境界線 (*31*)
   Ⅱ．他の資本会社に対する境界線 (*31*)
  D　諸利益の衝突と規律目標 …………………………………… *33*
   Ⅰ．債権者の利益 (*33*)
   Ⅱ．株主の利益 (*33*)
   Ⅲ．被用者の利益 (*37*)
   Ⅳ．一般公衆の利益 (*38*)
   Ⅴ．会社または企業の利益 (*39*)
   Ⅵ．§23 Abs.5 AktG の意義 (*40*)
  E　株式会社の類型 ……………………………………………… *40*

第3章　株式会社の設立 ………………………………………………… *43*
  A　概　　観 ……………………………………………………… *44*
  B　設立の諸局面 ………………………………………………… *46*
   Ⅰ．設立前の局面 (*46*)
   Ⅱ．設立の局面 (*47*)
    1．定款の作成 (*47*)
    2．株式の引受け／会社の設置 (*48*)
    3．設立機関の任命 (*49*)
    4．基礎資本金の給付 (*49*)
    5．設立報告書および設立検査 (*50*)
    6．商業登記簿への申請および登記 (*50*)
   Ⅲ．会社の成立 (*51*)
  C　特別設立 ……………………………………………………… *51*
   Ⅰ．現物出資設立 (*52*)
    1．現物出資および現物引受けの概念 (*52*)
    2．現物出資設立に関する特別規定 (*53*)
    3．問題：隠蔽された現物出資 (*54*)

目　次

  4. 事後設立，および，隠蔽された現物出資の理論との関係 (*56*)

 Ⅱ．特別利益の付与 (*58*)

D　設立前の会社，設立中の株式会社および株式会社の関係 …………………………………………………………… *59*

E　設立のさまざまな局面における責任 …………………… *60*

 Ⅰ．会社債務についての責任 (*61*)

 Ⅱ．自己の過誤に対する責任 (*62*)

第4章　株式会社の組織構成 ……………………………………… *65*

A　取締役会 …………………………………………………… *68*

B　監査役会 …………………………………………………… *74*

C　株主総会 …………………………………………………… *78*

D　株　主 ……………………………………………………… *83*

第5章　株式会社の財務構成 ……………………………………… *87*

A　金融の基礎 ………………………………………………… *88*

B　資本充実と資本維持 ……………………………………… *90*

C　増資と減資 ………………………………………………… *92*

D　計算および利益処分 ……………………………………… *95*

E　株式会社の課税 …………………………………………… *99*

第6章　会社の終了 ………………………………………………… *103*

 Ⅰ．序　論 (*104*)

 Ⅱ．解散による会社の終了 (*105*)

  1. 期間の経過 (§262 Abs.1 Nr.1) (*106*)

  2. 解散決議による解散 (§262 Abs.1 Nr.2) (*106*)

  3. 倒産を理由とする解散 (§262 Abs.1 Nr.3,

　　　　　　Nr.4 AktG)（*107*）
　　4. 定款の瑕疵を理由とする，§144a Abs.1 FGG による登記裁判所の処分（§262 Abs.1 Nr.5 AktG）（*108*）
　　5. 財産の不存在を理由とする，§144a FGG による抹消（§262 Abs.1 Nr.6 AktG）（*108*）
　　6. 組織変更（*109*）
　Ⅲ. 清　算（*109*）
　Ⅳ. 会社の無効宣告による終了（*111*）
　　1. 訴えの要件（*111*）
　　2. 規律目的（*111*）
　　3. 治　癒（*112*）

第7章　権利保護 …………………………………………… *113*
　A　株式法上の機関訴訟 ……………………………… *114*
　B　株主の情報請求権 ………………………………… *116*
　C　違法な株主総会決議に対する無効および取消しの訴え　*117*
　　Ⅰ. 無効な株主総会決議（*119*）
　　Ⅱ. 取消可能な株主総会決議（*120*）
　　Ⅲ. 取消しの訴えの濫用（*122*）
　D　取締役会の事業執行措置に対する訴え ………………… *126*
　E　§117 AktG に基づく損害賠償の訴え ………………… *129*
　F　他の株主に対する訴え …………………………… *130*

第8章　コンツェルン法，組織変更法 ……………………… *133*
　A　コンツェルン法 …………………………………… *134*
　　Ⅰ. コンツェルン法の規律対象（*134*）
　　Ⅱ. 歴史概観（*135*）
　　　1. 1965年までの発展（*135*）

2. 1965年 AktG におけるコンツェルン法の法典化 (*136*)
     3. その後の発展 (*137*)
   Ⅲ. コンツェルン形成の理由 (*137*)
   Ⅳ. 企業集中の問題性 (*138*)
   Ⅴ.「企業」および「従属」の概念 (*140*)
     1. §§15ff AktG の意味する企業 (*140*)
     2. 従　属 (*141*)
   Ⅵ. 企業結合のさまざまな形式 (*142*)
   Ⅶ. 契約コンツェルン (*143*)
   Ⅷ. 事実上のコンツェルン (*143*)
  B　組織変更法 ……………………………………………… *144*
   Ⅰ. 組織変更法の規律対象 (*144*)
   Ⅱ. 1994年の組織変更法 (*145*)
   Ⅲ. 組織変更法の体系 (*145*)

第9章　資本市場法およびヨーロッパ法との関係 ………… *147*
 資本市場法との関係 (*148*)
  A　序　論 ………………………………………………… *148*
  B　ドイツ資本市場の概観 ………………………………… *150*
  C　目論見書強制と目論見書責任 ………………………… *151*
   Ⅰ. 序　論 (*151*)
   Ⅱ. 適用領域 (*152*)
   Ⅲ. 規律内容 (*152*)
  D　有価証券取引法 (WpHG) の諸規律 ………………… *154*
   Ⅰ. インサイダー取引 (*154*)
   Ⅱ. 公示規定および透明性規定 (*155*)
  E　投資法 ………………………………………………… *156*
  F　買収法 ………………………………………………… *157*

目　次

ヨーロッパの影響下の株式法 (159)
 A　指令による法の同化 ………………………………… 160
 B　ヨーロッパ会社 ……………………………………… 161
 C　外国株式会社の承認 ………………………………… 163

〈付　録〉
 ドイツ株式法略年譜 …………………………………………… 167

事項索引（巻末）
条文索引（巻末）

法令略記号

ADHGB	Allgemeines Deutsches Handelsgesetzbuch	ドイツ一般商法典
AG	Aktiengesetz	株式法
BetrVG	Betriebsverfassungsgesetz	事業所構成法
BGB	Bürgerliches Gesetzbuch	民法典
BörsG	Börsengesetz	取引所法
CdC	Code de Commerce	フランス商法典
EGV	Vertrag zur Gründung der Europäischen Gemeinschaft	ヨーロッパ共同体設立条約
EstG	Einkommensteuergesetz	所得税法
FGG	Gesetzes über die Angelegenheiten der Freiwilligen Gerichtsbarkeit	非訟裁判事件に関する法律
GmbHG	Gesetz betreffend die Gesellschaften mit Beschränkter Haftung	有限会社法
HGB	Handelsgesetzbuch	商法典
InsO	Insolvenzordnung	倒産法
InvG	Investmentgesetz	投資法
KapMuG	Kapitalanleger-Musterverfahrensgesetz	投資家・模範手続法
KonTraG	Gesetz zur Kontrolle und Transparenz im Unternehmensbereich	企業領域のコントロールおよび透明性のための法律
KStG	Körperschaftsteuergesetz	法人税法
MitbestG	Mitbestimmungsgesetz	共同決定法
MoMiG	Gesetz zur Modernisierung des GmbH-Rechts und zur Bekämpfung von Missbräuchen	有限会社法の現代化および濫用撲滅のための法律
NaStraG	Gesetz zur Namenaktie und zur Erleichterung der Stimmrechtsausübung	記名株式および投票権行使の簡易化のための法律
TransPuG	Transparenz- und Publizitätsgesetz	透明性および公示制度法
UMAG	Gesetz zur Unternehmensintegrität und Modernisierung des Anfechtungsrechts	企業の損害回復および取消権の現代化のための法律

法令略記号

UmwG	Umwandlungsgesetz	組織変更法
VerkProspG	Wertpapier-Verkaufsprospektgesetz	有価証券販売目論見書法
WpHG	Wertpapierhandelsgesetz	有価証券取引法
WpPG	Wertpapierprospektgesetz	有価証券目論見書法
WpÜG	Wertpapiererwerb- und Übernahmegesetz	有価証券取得・買収法
ZPO	Zivilprozessordnung	民事訴訟法

(現行法令は,http://www.gesetze-im-internet.de/ において参照可能)

ドイツ株式法

● 第1章チャート：株式法発達史 ●

I. フランス商法典までの株式法の発展
- 株式会社の初期形態：貿易会社
- 権力の特許状による成立

II. フランス商法典の影響下でのドイツの発展
- 世界初の株式会社法の法典化
- 特許状主義から許可主義への移行
- 1838年鉄道事業法
- 1843年プロイセン株式会社法

III. ドイツ一般商法典（ADHGB）から商法典（HGB）へ
- ADHGBにおける監査役会の導入
- 第1次株式会社法改正法：許可主義から準拠主義へ，監査役会の義務化
- 登記義務を伴う準拠条件主義の導入
- 株式詐欺および設立詐欺

IV. 商法典から1937年株式法（AktG）へ
- よそ者支配に対する保護（1918年-1923年）
- 集中化とコンツェルン化（1923年-1929年）
- 国家社会主義の影響（1929年-1945年）
- 1937年独立の株式法（HGBの外へ）

V. 1937年株式法から1965年株式法へ
- 被用者代表の監査役会への参加
- 鉱業部門共同決定法（1951年），事業所構成法（1952年）
- 1965年株式法による全面改革

VI. 1965年以降の株式法の発展
- 共同決定法（1976年）
- 小規模株式会社，および，株式法の規制緩和のための法律（1994年）
- 企業領域のコントロールおよび透明性のための法律（1998年）
- 記名株式および投票権行使の簡易化のための法律（2001年）
- 透明性および公示制度法（2002年）
- 企業の損害回復および取消権の現代化のための法律（2005年）

VII. 将来への展望

第1章

株式法発達史

◇文献◇Aktienrecht im Wandel (Hrsg. Walter Bayer und Mathias Habersack), Band I, Entwicklung des Aktienrechts, Tübingen 2007; Aktiengesetz, Großkommentar (Hrsg. Klaus J. Hopt, Herbert Wiedemann), 4. Aufl., Band I, Einl. §§1-53, Berlin 2004; Bahrenfuss, Dirk, Die Entstehung des Aktiengesetzes von 1965, Berlin 2001.

　ドイツ株式法の歴史は，その改革の歴史である．一つの改革のアイディアが法律になるとまもなく，次の新しい株式法改革についての議論が始まる．後々まで株式法を特徴付ける大改革と並んで，国内および国際的な新しい発展に適合するための改革が絶え間なく行われる．社会の流れや状況の変化は，株式法に影響を与えずにはすまない．同様のことは，濫用の発生についても言える．株式会社法の歴史は，まさしく，濫用に対する立法者の戦いによって特徴付けられている．

●A● フランス商法典までの株式法の発展──貿易会社の特許主義

　株式会社は，近代の子，植民地主義と工業革命の子である．株式会社は，──有限会社とは違って──立法者の人為的創作物ではない．逆に，株式会社の発生後に立法はそれを後追いするだけであった．しかし，それでも立法されると，それはその後の株式会社制度の発展に対して決定的な影響力をもった．株式会社の歴史は，他の会社形態と比較すると，相対的には短い．株式法は経済生活が産出したものであるので，発展の流れは，「株式会社」という出来上がった現象がある

A　フランス商法典までの株式法の発展

日突然公衆の前に現れるというものではなかった．したがって，最初の（ドイツの）株式会社，または，その先駆者を確認することは困難であろう．ローマ法は，株式会社を知らなかった．いずれにせよ，18, 19世紀の株式会社の典型的なメルクマールを有する地方的な類似物としては，中世にまで遡ることができるさまざまな形態のアソシエーション〔協会〕，たとえば，（農業）協同体，手職人組合，コメンダ（commenda）〔中世イタリアの会社；現在の合資会社および匿名組合の前身〕，海運会社（Reederei）といったものを確認することができる．株式会社の初期の先駆者としてたいていの場合挙げられるものは，(15世紀の）ジェノヴァのサン・ジョルジュ銀行，および，ミラノのアンブロシウス銀行であり，これらはすでに責任制限と持分の譲渡可能性という特徴はもっていた．株式会社の初期形態と評価されるのは，貿易会社（Handelskompagnie），とりわけイギリス東インド会社（1600年）およびオランダ東インド会社（1602年）である．新しい貿易地域の開拓に際しての資本調達と責任制限の必要に基づいて，さらには，相互の競争を排除するために，複数の小規模の商人協会が一体的な企業に統合された．ドイツで最初に設立されたといわれているのは，1651年のブランデンブルク東インド会社であり，この会社にブランデンブルク・アフリカ会社（1682年）およびブランデンブルク・アメリカ会社（1688年）が続いた．

　貿易会社の設立および成立の要件は，それぞれの国家〔ドイツの場合は領邦〕支配者の国家的特権の付与——権力による**特許状（Oktroi）**の授与——であった．その場合，特許状には，——規律する他の立法手段がなかったので——会社の国家に対する関係についての規定も含まれていた，たとえば，独占，直接税および間接税の免除，さらには被用者についての裁判権の会社への移転といった事項である．特権の付与が必要であった結果，この時代は，設立の際の国家の影響が非常

第1章　株式法発達史

に大きく，したがって，その影響は内部組織の問題にまで及ぶこともあった．すなわち，特許状には，新会社の内部構成に関する規律が見出されるのが普通であった．

　貿易会社は，世界貿易の拡大とともに，同時に植民地化にも寄与した．たとえば，オランダ東インド会社は，オランダにおいて太平洋・インド洋地域の貿易独占権を有し，本来国家のみが有する諸権力をも備えた組織に発展し，そこから後にオランダの植民地行政が生まれた．この会社は，外国の君主と条約を締結し，城塞を建築し，軍隊を維持し，裁判権を行使する権利を与えられていた．この会社において明らかになる，自由貿易と軍事力および政治との共生的結合は，近代前期の貿易会社に特徴的なものであった．

　中央ヨーロッパの特権的貿易会社に特徴的なことは，これらの会社には原則として何人も自由に参加できることであった．持分の引受けは，引受人の身分，宗教または出自とは関係ないものとされた．大貿易会社は，その巨額の資本を全ヨーロッパの資本市場において調達したのである．

　17世紀末頃に，株式会社は，他の営業形態にも拡張した（保険会社および銀行会社の設立）．同時に，組織の標準となる構成原理も変わり，オランダのモデルによって特徴付けられた団体的〔垂直的〕なものから，より組合的〔水平的〕な色彩が強いものになった．これは，とりわけ内部組織の分化をもたらした．分化の進行の程度は，株主総会という制度が作り出され，それが持分所有者に運営権の配属およびコントロール，ならびに，事業政策への影響力を付与するところまで来た．「民主化」がますます進行すると，株主総会が以前は国家権力が行使していた機能の一部をも自らのものとすることができた．

　18世紀になってようやく，特権の付与（本来の特許状），もろもろの団体的権利の付与，および，内部的組織構成の決定のより明確な分

離が行われた．これらの緊密な結合が解消されるとともに，会社の内部構成（定款）に対する国家の影響力も減少し，会社の定款はますます私法的な組織決定になっていったが，しかし，統一的な定款実務といったものは形成されなかった．

　個別的な相違点およびタイムスパンの違いにもかかわらず，新しい組織形態の特色は，具体的には以下のように結晶化してきた．

・最重要で影響力のもっとも大きいメルクマールとして，それが**団体として身分**〔法的地位〕をもつ——つまり，法人——と見なければならなくなる．
・法人化によって会社には**固有の財産**（ファンド）が割り当てられる．団体財産の持分について，徐々に「株式」という名称が形成される[1]．

● B ● フランス商法典の影響下でのドイツの発展，1843年プロイセン株式法

　1807年のフランス商法典（Code de Commerce; CdC と省略）は，株式法の歴史の中の最重要点の一つを記した．すなわち，「匿名会社

---

[1] 株式 (Aktie) は，17世紀にはなお actiones/Aktion/Aktionen と表示されていた．ドイツ語化された Actie という形もすでに散見される，たとえば，1690年のブランデンブルク・アフリカ会社の特許状．けれども，これと並んで，Obligationes〔債務〕や Quittung〔出資金受領証〕という表示も見られる．18世紀には，ドイツの史料では Actie という語が一般的になる．持分権者は，17世紀では圧倒的に Interessent〔利害関係人〕とか Partizipant〔分有者〕と表示される．18世紀には，依然として Interessent という表現が圧倒的であるが，しかし，Aktionär とか Aktionist〔どちらも株主〕も散見される．Cordes/Jahntz, Aktienrecht im Wandel, S.18.

(société anonyme)」に関するまさに一気に12ヶ条の条文を定めたことが,世界で初めての株式会社法の法典編纂となるのである.フランス商法典は,これによって,ヨーロッパ大陸全体の株式会社法立法の出発点となっただけでなく,——とりわけ,ラインラントにおいて長期間効力をもったゆえに——同時に,株式法について規律した最初のドイツの法律である.

CdCは,フランスにおける**特許主義から許可主義への移行**を法典化した.両主義の違いは,とりわけ,許可手続きの目標設定にある.たとえば,支配の絶対主義的・重商主義的理解によって特徴付けられた特許主義によれば,設立者には官憲からの特権が付与され,その特権は設立者に政治的に望ましい活動を行う権能を与え,国家権力に由来するさまざまな権利を伴っていた.これに対して,許可主義(Konzessionssystem)は営業の自由に必然的に対応するものと捉えられた.それは,「よき警察(gute Policey)」の意味でのコントロールに資するものであった.すなわち,住民は,株式会社から発生するかもしれない危険——それは,株式会社の独占の濫用から生ずることもあり,また,会社持分を自由に譲渡できることによる投機から生ずることもある——から守られるべきである,というものであった.CdCは,株式法のその後の発展にとって大きな意味をもったが,それは,多くの国々が株式法の規定を制定する際にこのCdCのモデルを基準としたからである.ドイツでこの影響がとりわけ強かった地域は,1815年にナポレオンの支配が崩壊した後もCdCが効力をもち続けた地域,たとえば,プロイセン治下のライン諸州,ラインヘッセン,バイエルン治下のラインプファルツおよびバーデンであった.

鉄道建設の発展,および,これに伴う最初の鉄道株式会社の登場によって状況は一変し,この新たな状況の上に19世紀初頭にできた株式会社制度は発展した.鉄道建設は,資本の需要が高かったので,株

式による資金調達によってのみ可能であるが，しかし，これまで知られていた貿易会社，蒸気汽船会社および鉱山会社は，広範な公衆を獲得する手段を見出していなかった．株式法の法律による規範化の必要性は，――とりわけ，CdC の株式会社規定が妥当していなかった地方では――より差し迫ったものになった．それゆえ，株式法を法律で一般的に規律する道は，当初はまったく鉄道建設の発展によって規定されていた．1836 年に「私企業による公共鉄道の許可に関する基本条件（Grundbedingungen der Erlaubnis zu öffentlichen Eisenbahnen durch Privatunternehmungen)」が公布され，それは純粋に事業に関する問題，および，株式法に関係する諸問題，さらには，許可の実務について規律していた．これを基礎として，1838 年に「鉄道事業に関する法律（Gesetz über die Eisenbahnunternehmungen)」が公布されるが，その株式法に関する規定は，CdC を基準としていた．統一的な――つまり，対象とする事業分野とは無関係の――法典は，1843 年のプロイセンの「株式会社に関する法律（Gesetz über die Aktiengesellschaften)」で実現した．すべての規定に先立って（第 1 条に），株式会社は君主の承認（landesherrliche Genehmigung）をもってのみ設立することができる，という規定がある．　内部組織の規律は，相当程度私法的な定めである定款に委ねられた．法律で規定されたのは，取締役を設けること，および，構成員集会の招集だけであった．

●C● ドイツ一般商法典から商法典へ

1848/1849 年の 3 月革命と 1870/71 年のドイツ帝国設立との間の株式法の立法史で重要なものは，1861 年のドイツ一般商法典（Allgemeines Deutsches Handelsgesetzbuch; ADHGB）〔統一的な立法であるが，これを自国の法律とするかどうかはドイツ同盟各加盟国に委ねられ

た〕である．ADHGBによって，帝国設立による政治的統一の約10年前，民法典および商法典のほぼ40年前に，ドイツの商法の立法による統一が初めて実現した．そこに表現されている，法典化された統一商法への願望は，経済および経済政策についての熟慮から流れ出たものであった．すなわち，通商および商法は，単純化されるべきであり，ドイツ同盟各国間にある多くの境界を越えて統一されるべきだ，というのであった．ADHGBは，「許可主義に対して裂け目を作った」(2)．すなわち，たしかに第208条は，株式会社は国家の承認をもってのみ設立することができるという原則を，なお規定していた．しかし，同時に第249条は，加盟国の立法者が国家の承認を必要としないと定めることもできる，と規定した．さらに，ADHGBは，監視機関として機能する，いわゆる監査役会（Aufscihtsrat）についてはじめて規律した．監査役会は取締役会（Vorstand）のコントロール機関として単に任意的なものと定められていたけれども，この規定によってADHGBは，株式会社の3段階の構成〔株主総会，監査役会，取締役会〕のための道ならしを立法によって行ったのである．

ADHGB制定後ちょうど9年経過して，その株式法の規定が1870年6月11日の**第1次株式法改正法（1. Aktienrechtsnovelle）**（BGBl. des Norddt. Bundes S.375）によって初めて改正された．経済の自由主義的基本理解に支えられて，原則としての許可主義は廃止された．それに替わって登場したのが，なお今日でも現行法である登記義務を伴う準拠主義（Normativsystem）である．この主義によれば，株式会社は，法律で定められた要件を充たし，商業登記簿に登記することによって，自己の法人格を与えられる．免許主義から準拠主義への移行は，

---

(2) Großfeld, Die rechtpolitische Beurteilung der Aktiengesellschaft im 19. Jahrhundert, S.244.

C　ドイツ一般商法典から商法典へ

ドイツの株式会社制度を「国家権力によるおんぶに抱っこから」解放した[3]. これは，株式会社の国家権力に対する関係の変化の中でもっとも重要なものの一つであり，株式会社制度全体のその後の発展に特徴を与える影響を及ぼした. 同時に，この第1次改正法の株式法は，それまでは知られていなかった規模の株式詐欺および設立詐欺のための隠れ蓑となった. この危機を1877年にイェーリングは次のように露骨に描き出している.「それはわれわれの眼前に戦場か墓場の様相を呈する――血溜まり，死体，墓――略奪落伍兵，墓堀人――最後の者たちだけが元気がよい，なにしろ彼らだけが儲かったのだから.」[4] 準拠主義の導入の他に，最も重要な改正は他の二つの問題群に関係した. 一つには，株式会社の利用はそれまで商事会社に限定していたが，これが廃止され，この結果銀行もこの企業形態を自由に取ることができるようになった. もう一つ記録にとどめなければならなかったのは，射程の長い影響をもつ，株式会社の内部構成の組換えであり，その中心は監査役会を義務的な機関として導入したことであった.

「株式詐欺（Aktienschwindel）」――1871年以後に設立された多くの会社が倒産し，無数の預金者が金を失い，財産をまるまる失った者も若干いた――に対するリアクションとして，1884年7月18日の**第2次株式法改正法（RGBl.I S.213）**が成立した. この改正法が今日の株式法にまではっきりとした痕跡を残しているのは，それが設立に関する規定を厳格にし，少数株主権（たとえば，特別検査，経営メンバーに対する損害賠償請求訴訟の提起）を導入したことである.

1897年5月10日の**商法典（Handelsgesetzbuch; HGB）**の立法に際

---

[3]　Lieder, in: Aktienrecht im Wandel, S.321.
[4]　Jehring, Der Zweck im Recht, Bd. I (2. Aufl.) 1884, S.223f.

しては，株式法は第178条から第334条までに規定されたが，重要な変更はなかった．しかし，1つの法技術的な変更は，強調しておかなければならない．これまでは，株式法の規定は，あまり重要ではない株式合資会社から始まっていたのに対して，今や関係は逆転した．株式会社が株式法の規律の基礎になり，他方で，株式合資会社には──その実際上の意義に対応して──若干の特別規定なされるだけになった．

● D ● 商法典から1937年株式法（AktG）へ

株式法のその後の発展にとって，第1次世界大戦の期間（1914年-1918年）が相当程度重要であるのは，──許可主義が暫定的に導入されたことを別にすれば──それが次の時代に経済的負の遺産を残した点だけである．この負の遺産の中には，とりわけ，戦後期の株式会社制度にとって重要な次のような状況があった．すなわち，戦時経済は，ドイツ工業の集中過程を強化し，その影響は後々まで持続し，その後の「国家資本主義への傾斜（Hinneigung zu einem Staatskapitalismus）」[5]と「公的機関の営利事業への侵入（Einbruch der öffentlichen Hand in Erwerbsunternehmen）」[6]とのための基礎を造成した．ハッヘンブルクは，次のように確認した．「戦争は，その継続期間中には新しい株式法を要求しなかった．そのための時間はなかった．『封鎖された城塞（blockierte Festung）』の中では，経済の国家による指導といったものは不可避であった．」[7]

---

(5) Hachenburg, Die Aktiengesellschaft im Leben der Wirtschaft, Anm.10.

(6) Wiethölter, Interessen und Organisation der Aktiengesellschaft im amerikanischen und deutschen Recht (1961), S.37.

(7) Hachenburg, Die Aktiengesellschaft im Leben der Wirtschaft, Anm.8.

D　商法典から1937年株式法(AktG)へ

　第1次世界大戦の重い負の遺産にもかかわらず，1920年代は，「株式会社制度の繁栄と危機」との混合という空前絶後のものをもたらした．**ヴァイマール共和国**時代は短期間で時期区分され，その時期ごとに方向転換をした（インフレーション：1918年-1923年；外国資本の流入，集中および合理化の動き：1924年-1929年；経済危機：1929年-1932年）が，これらの時期を経過して，株式会社制度も多様な発展を示した．インフレーションと戦後復興の時代には予防法学が企てた試みがあり，それは，（かつての）持分所有者が資本過半数を確保するために相応しい資金力をもはや自由にできなくなった場合でも，株式会社に対する支配を確保できるようにしようとする試みであった．好んで用いられた標語として，インフレーションによって容易になった外国人による株式取得の結果生ずる，「よそ者支配（Überfremdung）」の危険があった．しかし，よそ者支配に対する保護は，次第に従来の経営陣を国内の株式取得者および株式保有者に対して保護するための口実としても役立つことになった（いわゆる国内または内部のよそ者支配（inländische oder innere Überfremdung））．1923年に**政治的・経済的危機を克服した後**は，国内市場における資本の逼迫から，株式会社の外国投資家（事実上はアメリカとイギリス）に対する関心が増大し，ドイツ株式法をアメリカ合衆国やイギリスの法に合わせるべきか，という問題さえ提起されることになった[8]．経済および財政政策のガイドラインとして宣言された，経済の自己統御（Selbststeuerung der Wirtschaft）という構想は，権威主義的・福祉国家的な（介入主義が支配する）秩序思考への変化がひたひたと忍び寄ってくると，それに屈した．このようにして，集中とコンツェルン化は，国家の政策——とりわけ租税

---

(8) Wiethölter, Interessen und Organisation der Aktiengesellschaft im amerikanischen und deutschen Recht (1961), S.37.

政策(コンツェルンの二重課税の回避,合併の優遇税制)——によって無視できないほどに促進された.ヴァイマール共和国の経済安定化は数年間続いたが,早くも1929年には**経済危機**の始まりによって終了し,この経済危機は1931年には「わが国特有の劇的な特徴」[9]をもつことになった.国家の介入行為の強い必要性から,1931年は緊急命令(Notverordnung)の年になった.最初の緊急命令は,年度決算の決算検査人による義務的検査を株式法に導入し,年度決算に関する新しい項目を設け,自己株式の取得を著しく制限した.第2の緊急命令は,より容易な形式の減資手段を創設した.

1933年以降,国家社会主義者〔ナチス〕の経済報道は株式法の改革を要求し,その中には,国家社会主義の思想,たとえば,「指導者原理」や「株式法の匿名性の廃棄」といったことが顧慮されなければならないとあった.その後の改革作業の経過とともに,この影響力は強く押さえ込まれた.たとえば,たしかに,取締役会で意見の食い違いがあった場合には,議長が他のすべての構成員の意思に反しても案件を決することができるという規律は,指導者原理を株式会社にも貫こうとするものだった.しかし,条件付資本(bedingtes Kapital)〔増資それ自身は確定しているが,増資の範囲は転換権や引受権の行使にかかっていて,不確定な資本金〕や授権資本(genehmigtes Kapital)〔定款により取締役会の権限で増資することを認められた資本金〕を許し,あるいは,複数議決権株を原則として廃棄したことによって,1933年以前に作成されていたものに直接繋がっていた.**1937年株式法(Aktiengesetz; AktG)** は,したがって,ヴァイマール共和国の改革プログラムに大幅に負っている.もっと細かく観察すれば,この株式法は,とりわけライヒ銀行総裁でライヒ経済相シャハト(Schacht)

---

(9) Assmann, in: Großkomm. AktG, Einl.136.

の改革イメージの影響を受けて,国家社会主義のイデオロギーよりもはるかに強く経済的諸機能を基準として株式会社の法的構成を組み立てた.振り返ってみれば,1937年株式法は,1945年以後のドイツ経済の崩壊と復興という困難な時期においても,その実を挙げた.新しい株式法は,そのボリューム(304ヶ条)のゆえにHGBの中にうまく納めることができなかったので,単行の株式法として1937年2月4日ライヒ官報において公布された.

E 1937年株式法から1965年株式法まで

　第2次大戦中は,当初数多くの緊急命令が公布され,それらはとりわけ,さまざまな公示,後には配当(配当支払緊急命令)および株主総会開催を制限した.株式法の発展ということには至らなかった.1937年1月30日株式法は,典型的な国家社会主義の法律ではなく,第一義的には20年代の長年の準備の総決算となるものであったにもかかわらず,1945年の敗戦からまもなくして早くも改革を目指す努力が始まった.1937年に導入された取締役会の強い地位は,もはや時代にあったものとは感じられなかった.銀行投票権の整備も議論された.株式会社法の整備に関心をもつ若干の協会や団体の改正提案と並んで,1951年の鉱業部門共同決定法(Montanmitbestimmungsgesetz)および1952年の事業所構成法(Betriebsverfassungsgesetz; BetrVG)が,改革を本気で考えるきっかけを与えた.これらの両法律において,とりわけ被用者代表の監査役会への参加が法律として定着した.株式法の完全な改革といえるものは,長く続いた議論の後,今日でも現行法である1965年株式法によって成し遂げられた.政府草案理由書によれば,1965年株式法改革の主要目標は,株式法を「われわれの経済憲法(Wirtschaftsverfassung)の原則に調和するように整備する」こ

とであった.この場合,この経済憲法の最も重要な柱と考えられていたのは,私的所有権であった.しかし,この株式法は決して被用者を看過していたわけではなく,また,基本法〔憲法〕が確かに所有権を保証しているけれども,しかし同時に社会的法治国家であるとも規定している事実を見逃してもいなかった.1965年株式法の主要な案件は以下のことであった.すなわち,(1) 分散的株式所有の容易化,(2) 株主および株主総会の経営に対する影響力の強化,(3) 公示および株主の情報収取権の改善,(4) 個別株主および少数株主の保護の強化,最後に,(5) コンツェルン法の法典化である.

●F● 1965年以降の株式法の発展

1965年株式法公布後の期間の経過とともに,数多くの法律改正が行われることになった.言及しなければならないものは,とりわけ以下のものである.

・1976年5月4日共同決定法(Mibestimungsgesetz):監査役会における,ほぼ対等な被用者参加権の導入.
・小規模株式会社,および,株式法の規制緩和のための1994年8月2日法律(Gesetz für kleine Aktiengesellschaften und zur Deregulierung des Aktienrechts):法律改正の目標は,個人的繋がりで構成される非上場の会社にとって,株式会社という法形式をより魅力あるものにすることであった.「小規模株式会社」とは,たとえば,売上高,決算額,または被用者数を基準として決められるのではなく,社員全体を見渡せる〔社員全員が一人一人分かる〕程度の会社と理解された.さらに,一人で設立することが許され,株式の最低額面額が5マルク(1999年1月1日からは1ユーロ)に引き下げられた.
・企業領域のコントロールおよび透明性のための1998年4月27日法

F　1965 年以降の株式法の発展

律（Gesetz zur Kontrolle und Transparenz im Unternehmensbereich; KonTraG）：1998 年に 6 以上の改正法律が公布され，株式法全体が相当程度改正されるに至った状況のさしあたりの原因は，重要な企業が次々とセンセーショナルに破綻し，経営悪化に陥るという事態であった．この事態によって巻き起こった議論の中心論点は，とりわけ，コーポレート・ガバナンスの改善要求であった．KonTraG の主旨は，株式法を現代的資本市場の要請に適合させ，「チェック・アンド・バランス」のシステムおよび管理の計算を改善することであった．かくして，複数議決権および —— 上場会社に限られるが —— 最高議決権〔一人の株主が多数の株式を保有する場合に，全株式に応じて議決権を与えるのではなく，議決権を一定数に限定する〕も廃止され，これによって「1 株 1 票」の原則が強化された．さらに，KonTraG は自己株の再取得が認められる余地を付加増大させ，金融機関による受託投票権〔銀行は証券業務を行うことができ，株券が銀行に寄託されている場合が多い．この寄託された株券を銀行は一定の制約の下に株主総会で行使できる〕に関する従来通用していた規律を補充し，射程の大きい組織上の義務および透明性の義務を課した．

・記名株式および投票権行使の簡易化のための 2001 年 1 月 18 日法律（Gesetz zur Namenaktie und zur Erleichterung der Stimmrechtsausübung; NaStraG）：NaStraG は，第一に，記名株式の法を改革した．この点での立法者の課題は，株主への直接接触を可能にする，国際的に普及した記名株の強化であった．こうして，株式帳簿は株主登録簿と名称変更され，登録実務の完全電子化が可能になった．金融機関は，株式譲渡の通知義務を負うことになった．この法律のもう 1 つの主要な案件は，株式会社の意思形成に新しいメディアやコミュニケーション手段（たとえば，監査役会の手段としてのビデオ・電話会議）を投入できるようにすることであった．

第1章 株式法発達史

・2002年7月19日透明性および公示制度法（Transparenz- und Publizitätsgesetz: TransPuG）：TransPuG によって，コーポレート・ガバナンス政府委員会の勧告の一部が採り上げられた．真っ先に挙げなければならないのは，第161条の新規定であり，この結果，上場会社の取締役会および監査役会は，「ドイツ・コーポレート・ガバナンス・コード」に適合したか，どの程度適合したかについて，年次報告をしなければならない．その他に，TransPuG は NaStraG に連続して，株式法を新メディアおよびコミュニケーション手段にに対して一段と開放的なものにした．たとえば，§25 AktG によって，電子版連邦公報（Bundesanzeiger）が，義務的広報のためのメディアとなった．§118 Abs.2 S.2 AktG〔株式法第118条第2項第2文〕は，監査役会構成員の株主総会へのビデオ参加を許している．§118 Abs.3 AktG は，株主総会の音声および画像の配信を許している．

・企業の損害回復および取消権の現代化のための2005年9月22日法律（Gesetz zur Unternehmensintegrität und Modernisierung des Anfechtungsrechts: UMAG）：UMAG は，会社のその機関役員に対する損害賠償請求権の行使手段を改善し，その影響は持続するものである．たとえば，§148 AktG は，少数株主（基礎資本金の1％の持分または10,000ユーロの持分額）は，訴訟許可手続を経た上で，機関役員に対する損害賠償請求権を法定訴訟担当として行使することができる．

前世紀90年代の金融市場立法の開始のともに，上場会社は，株式法の規定と並んで，厳格になった資本市場規制にもさらされている．特に指摘しなければならないのは，1994年7月26日有価証券取引法（Wertpapierhandelsgesetz; WpHG），2001年12月20日有価証券取得および買収法（Wertpapiererwerbs- und Übernahmegesetz; WpÜG），2005年6月22日有価証券目論見書法（Wertpapierprospektgesetz;

WpPG），および，2005 年 8 月 16 日投資家・模範手続法（Kapitalanleger-Musterverfahrensgesetz: KapMuG）である．

　株式会社に関する（ドイツ）法は，ここ数十年，さまざまな仕方でヨーロッパ企業法による影響を受け，それによって重層化〔ヨーロッパ法と国内法が重層的になる〕され，その浸透を受けている．「ヨーロッパ化」されたのは，とりわけ，設立，機関の代表権，および，公示制度，全体的な資本構成（資本調達，資本維持，資本措置〔基礎資本金の変更，株式・議決権構成の変更等の，株主の資本持分，および議決権に関係する措置〕），計算，さらには，株式会社の合併および分割である．ドイツ株式法の「ヨーロッパ化」の道具は，過去も現在も，数多くの会社法指令である．指令は，ヨーロッパの最上位法（Primärrecht）〔EC および EU 設立条約，および，その修正条約〕によって認められた居住移転の自由（Art.43, 48 EG〔ヨーロッパ共同体設立条約第 43, 48 条〕）を増進し，かつ，構成国法の調和を目的として公布されたものである[10]．

●G● 将来への展望

　ヨーロッパレベルでの現在直下の展開から予測できるのは，将来特に上場株式会社についてより広い数多くの分野がヨーロッパの基準によって重層的になるということである．たとえば，特に，これまでまだ調和されていなかった内部組織法に関する諸部分も重層化されるであろう．とはいえ，EC 委員会が元来追求していた目標，すなわち，会社法全体を相当程度一致させる（完全調和化）という目標は，この間の動きの中で放棄された．その理由は，国内法化する際に越えなけ

---

(10)　これについては，第 8 章参照．

第1章　株式法発達史

ればならない数多くのハードルだけでなく，法政策的批判さらには経済学的批判の増大であった．たとえば，コンツェルン指令は，計画が立てられたが，委員会はもはやそれ以上この計画を追及していない．「コンツェルンという現象」に関する構成国の解決の方向性が全く正反対に異なるということを背景にして，これに関するさまざまなプランは，正式の委員会草案の段階にさえ至ったことはなかった．構成国の間で相当程度の一致があるのは，国境を越える移動の制限措置の撤廃に関してである．Überseering 事件（EuGH Urteil vom 05.11.2002 C-208/00）および Inspire Art 事件でヨーロッパ裁判所（EuGH）が示した基準に従って，有限会社法の現代化および濫用撲滅のための 2008 年 10 月 23 日法律（Gesetz zur Modernisierung des GmbH-Rechts und zur Bekämpfung von Missbräuchen; MoMiG, 2008 年 11 月 1 日発効）によって，§5 Abs.2 AktG の規定は代替なしに削除され，これによって会社には管理部門の居所を外国に移転することが可能になった．

株主権に関する指令を国内法化するための法律の参事官草案は，上場会社の株主の情報収集権の改善および国境を越えた株主権行使の容易化を目標としている．この草案のもう 1 つの目標は，濫用的株主訴訟の防止である．

第2章チャート：株式法総論

I. 株式会社の経済的機能と意義
株式会社は企業金融を目的とする（キーワード：「資本集積プール」）
他方で，私人に資本投資機会を提供する（キーワード：「配当請求権」と「投機」）

II. 株式会社の本質的メルクマール
- ▶ 団体的性格：株式会社は団体である
- ▶ 固有の法人格：株式会社は権利能力を有し，したがって固有の権利・義務の主体たりうる
- ▶ 個人責任の免除：株主は自己の個人財産をもって責任を負わない
  例外：直接請求責任の事案グループ
- ▶ 基礎資本金：50,000 ユーロ以上の金額，債権者保護の目的

III. 他の会社形式との境界線
1. 人的会社
2. 他の資本会社
   a. 有限会社
   b. 株式合資会社およびヨーロッパ会社

IV. 諸利益の衝突と規律目標
1. 債権者の利益
2. 株主の利益
   - ▶ 株主価値論争
   - ▶ 少数株主保護および平等取扱い原則（§53a AktG）
   - ▶ 株主の誠実義務
   - ▶ 経営の一人歩きの株主にとっての危険
3. 被用者の利益
4. 一般公衆の利益
   - ▶ 条文の欠如にもかかわらず相変わらず認められている
5. 企業の利益

V. 株式会社の類型
- ▶ 大衆会社
- ▶ 家族株式会社
- ▶ 公的所有の株式会社

第2章

株式法総論

◇文献◇ Aktienrecht im Wandel (Hrsg. Walter Bayer und Mathias Habersack), Band II, Grundsatzfragen des Aktienrechts, Tübingen 2007, 1.Kapitel; Schmidt, Karsten, Gesellschaftsrecht, 4.Aufl., 2002, §§1-3, 22, 26; Kübler, Friedrich/Assmann, Heinz-Dieter, Gesellschaftsrecht, 6.Aufl., Heidelberg 2006, §§1-5, 14.

●A● 株式会社の経済的機能と意義

　株式会社（Aktiengesllschaft; AG）の機能と意義は，以下のことに基づく．すなわち，一方で，株式会社は企業金融の1つの道具である．他方で，それは，私人のために投資の手段を提供する．もちろん，この2つの状況は，相互に噛み合わされている．

I．企業金融の道具としての株式会社

　数多くの経済的活動は，費用のかかる投資を必要とする．歴史的具体例は，たとえば，鉄道や鉱山である．その事業は，巨額の自己資本の準備を必要とする．これらの資金は，通常は，個人の財産や私的な金銭貸与によって十分に支えることができない．これを考慮するのが株式会社である．すなわち，株式会社は必要な会社財産を会社持分権を売却することによって調達することができる．投資家は，出資金の給付によって株式会社の構成員としての地位を得る．この権利は，株券において証券化される．

A 株式会社の経済的機能と意義

　株式会社とは，したがって，その企業の設立および事業遂行のために必要な資本を株式の投資家への売却によって調達する会社である．それゆえ，株式会社には**資本集積所（Kapitalsammelstelle）**としての機能が認められる．株式会社は，多くの個人投資家の貯蓄を束ねることを可能にする．これが，株式会社の強みとなる．

　この資本集積機能の存在は，設立段階にとどまらない．事業遂行中でも，必要な場合には，会社財産は増加することができる．AktG は，第 182 条以下で，多数の資本調達措置を提供している．当然のことながら，株式会社は他人資本も受入れることができる．資本市場は，このために古典的な金銭消費貸借の外に，さまざまな手段を知っている．例として，社債を挙げておこう．経済的手段の調達と並んで，経済的手段を長期間株式会社と結合させておくことも，重要である．これを保証するのが，株式という法形式である．株主がその構成員であることをやめても，株主は株式会社に対してその出資金の返還請求権を取得しない．彼は，その株式を資本市場で売却しなければならない．こうすれば株主は，出資金を流動化することができる．こうすることで，株式会社は，投資家の貯蓄資本を長期間拘束を受ける会社財産に移すことを可能にする．株式会社は，これによって，他の会社にとっては可能でない生産財を調達することができる．これによって，株式会社は，大企業にとって有利な法形式になる．

II. 投資としての株式会社

　ドイツ・テレコム株式会社の上場によって，「国民株（Volksaktie）」という概念が作り出された．この概念は，トレンドの転換を目に見える形で示している．銀行家フュルステンベルク（Fürstenberg; 1850 年 8 月 28 日 -1933 年 2 月 8 日）は，投機的株式所有をまだ厳しく批判していた．次の言葉が彼のものとされている．すなわち，株主はおろか

で厚かましい．おろかなのは，自分の金を他人に託すからであり，厚かましいのは，その見返りに配当を要求するからである，と．今日では，投資としての株式会社の機能は，中心的関心事である．ますます多くの私的家計が，その貯蓄財産を株式に投資している．

　実際のところ，株式会社は，金銭投資の理想的な形態である．その理由は，出資の仕方が簡単であり，株式が容易に譲渡でき，危険が少ないことである．

　株式会社へ出資するためには，一人一人の投資家は，わずかなことしか要求されない．この出資が要求するのは，株式取得代金を1回限りで工面することだけである．その他には，投資家には何の義務も降ってこない．たとえば，投資家は自分自身で活動することを約束せず，株式会社の経営は経営陣に任せる．さらに，彼は商人としての知識やその他の知識をもっていなくてもよい．これによって，広範な投資家大衆に呼びかけがなされる．しかし，配当請求権だけが投資家大衆にとって株式会社の魅力となるのではない．最終的には，貸借対照表上の利益（Bilanzgewinn）だけが配当として支払われてよいものである（§58 Abs.4 AktG）．すなわち，さしあたりは利益が経営努力によって手に入れられなければならない．株主の請求権が実行されるまでは，この利益は §150 AktG に従って法定準備金に入る．さらに，配当請求権は株主総会の決議によって制限することもできる．したがって，配当請求権は厳しく制限されている．

　これに対して，明らかにより関心が高いのは，投機の可能性である．株主がその株式の対価として取得する代価は，当該株式会社の成功によって決まる．成功．不成功に応じて，その利益を獲得し，または喪失する．したがって，投資家は会社の企業リスクに関与するのである．投資家は，株式をできるだけ安く購入し，できるだけ高く売却しようとする．その物見台として役立つのが，株式市場である．その場合，

株式会社は（株式合資会社と並んで），その持分を取引所で商いすることができる唯一の法形式である．株式は，いつでも譲渡することができる．こうして，株主は株式の価値を実現することができるのである．

●B● 株式会社の本質的メルクマール

AktG の規律は，株式会社の経済的諸機能に即して整えられている．§1 AktG は，出発点となる規範である．この規定の内容は，「株式会社」という法概念の法定の定義ではない．株式会社が株式会社となる構造的メルクマールが挙げられている．

I．団体的性格

ドイツ会社法では，（人的）会社〔組合〕(Personengesellschaft, consortium)〔ドイツ語，フランス語では，民法の組合も商法の会社も共に Gesellschaft, société という同じ語である；日本の旧民法は，「会社」の用語を用いていた〕と団体 (Körperschaft) が区別されなければならない．両者は，独自の種類の結社 (Vereinigung) として対立する．株式会社は，§1 Abs.1 S.1 AktG において，「会社 (Gesellschaft)」と表示されている．これは，誤解を招く表現である．この表現で正しいのは，株式会社が一定の目的を追求する人の集まり〔人的結社〕(Personenvereinigung) だということである．これによって，株式会社は広義の会社には当たる．しかし，株式会社は狭義の Gesellschaft（組合）ではない．株式会社は，団体 (Körperschaft) である．このことは，その組織の法的メルクマールから出てくる．たとえば，株式会社はその構成員の存続に依存しない〔組合と違って，構成員が交代しても会社という団体は存続する〕．株式会社は，固有の法人格を有し，その機関を介してのみ行為することができる〔日本法では，会社は法人とされ（会社法3条），合名会社も法人である．しかし，合名会社の

ような人的会社はドイツでは法人ではない．業務執行の社員（組合員）の行為によって，組合契約に基づいて，他の社員（組合員）も共有者となり，連帯債務者となるのであって，組合自体が権利・義務を取得するのではない］．したがって，株式会社は社団（Verein）を原型とする．社団は，団体の見本品である〔社団については，たとえば，日本の「権利能力なき社団」の判例の定義を想起して欲しい．もちろん，以上のようなドイツの議論を参考にして与えられた定義である〕．この実際的帰結は，株式法の規定がない場合には，§§21ff. BGB〔民法典第 21 条以下；ちなみに，21f. は 21 条と次の条文を，21ff. は 21 条とそれに続く複数の条文を指示する〕が補充的に適用になるということである．主要な例は，§31 BGB であり，この規定は法人の組織規則に従って任命された代理人の行為を，法人自身の行為として法人に責任を負わせる．

II. 固有の法人格

株式会社は，固有の法人格（eigene Rechtspersönlichkeit）を有する会社である，§1 Abs.1 S.1 AktG．株式会社は法人（juristische Person）であり，したがって，権利能力を有する．その意味は，株式会社自身が権利・義務の担い手であるということである．しかしながら，この能力が株式会社に認められるのは，商業登記簿に登記されてからである．このことは，§41 Abs.1 S.1 AktG の帰結である．したがって，登記簿への登記は，設権的効力をもつ．

英米法圏に広く見られる**ウルトラ・ヴァイレス原則（ultra-vires-Doctrin）**（法人の権利能力をその事業目的に制限する〔わが国の民法第 34 条も同じ〕）は，ドイツ法にはない．したがって，株式会社の権利能力は，原則として無制限である．株式会社は，自ら，会社財産の所有者であり，会社債務の債務者である．株主や取締役会構成員が，権利

を取得し，義務を負担するのではない．さらに，株式会社は独立して原告，被告となる．

したがって，株式会社はドイツ法では自然人と類似の地位を得る．もちろん，こう言えるのは，権利がその性質上自然人にのみ帰属するものではない場合に限られる．それゆえ，株式会社は相続人になることはできるが，被相続人になることはできない．婚姻や親族に関する規定も，株式会社には適用できない．

それにもかかわらず，株式会社は自ら行為する能力を有しない．株式会社は，人為的な法的構築物であって，法的取引に自ら登場することはできない．株式会社のために行為するのは，その機関と代理人である．これらの者たちは，株式会社のために，権利を設定し，義務を負担することができる．

III. 株主の無責任

§1 Abs.1 S.2 AktG によれば，株式会社の債務について責任を負うのは，会社財産だけである．出資者の私的財産は，債権者からの掴取を受けることはない．この背後にあるのは，分離原則である．この原則も，法人の本質的メルクマールに数えられる．これによれば，会社の財産と社員の財産は厳格に分離されなければならない．この理由から，構成員は，内部関係においても，株式会社の損失を引受ける義務を負わない．この種の追加出資義務は，規定されていない．

この規範は，法的・経済的に見て最も重要な株式会社のメルクマールに数えられる．この保証がなければ，どんな貯蓄家も，株式会社の事業リスクに関与する覚悟ができないであろう．この規範は，逆に，経済的リスクのある事業にも投資するよう奨励しようとするものである．貯蓄家にはリスクのある資本を提供して欲しい．責任はその出資に限定されるので，株式会社が破綻してもその負担はそれ程重くない．

第2章　株式法総論

出資者の損害は，常に見積もり可能である．これが，§1 Abs.1 S.2 AktG が株式会社の資本集積機能および資本投下機能の基本条件となるということの具体的姿である．

例外は，狭い限界内でのみ認められている．それは，「**直接請求責任（Durchgriffshaftung）**」という標語の下に議論されている．問題は，どういう場合に分離原則を破ることができるかである．株主がその私的財産をもって責任を負うこの場合，注意しなければならないのは，§1 Abs.1 S.2 AktG が原則であり，直接責任はあくまでも例外でなければならないということである．

この問題に対応するために，判例および学説は事案グループを作った．この事案グループに数えられるのは，財産の混合〔会社財産と株主の個人財産との混合〕，存立を否定する介入〔株主が会社財産から計画的に財産を奪い，会社を支払不能の状態にする〕および実質的な過少資本[(1)]である．これらの事案では，§1 Abs.1 S.2 AktG を援用することが権利濫用になり，したがって許されない，というのである．法人という制度は，債権者の費用で利得するためのものではない，というのがその理由である．したがって，この規範は限定解釈され，その結果，株主個人に対して例外的に請求することができる．

直接請求の問題は，株式会社法に特有の現象ではない．それは，自律的なものとなったあらゆる団体で生ずる．この問題の主要な適用領域となったのは，有限会社法である．BGH〔連邦通常裁判所：民事および刑事事件の最高裁判所．ドイツにはその他に，行政，財政，社会，労働事件についての連邦〔最高〕裁判所があり，さらに連邦憲法

---

(1) 過少資本それ自体がこのグループに入るかどうかは，なお明らかにされていない．通説は，これを否定しているように思われる．

B 株式会社の本質的メルクマール

裁判所がある〕2007年7月25日 Tri-Hotel 判決[2] 以降，この適用領域は動いている．存立を否定する介入から生ずる責任は，この判決で新たに整理された．今やこの責任は，§826 BGB〔故意の不法行為責任〕の適用の場合とされ，内部的責任として構成された．すなわち，株主は会社に対してだけ責任を負うのであって，会社債権者に対して責任を負うのではないのである．

IV. 基礎資本金

§1 Abs.2 AktG によれば，株式会社は株式に細分化された基礎資本金（Grundkapital）を有する．基礎資本金の目的は，債権者の保護である．最低責任資本金（Mindesthaftkapital）として，会社債権者にとって責任財産となる．したがって，基礎資本金は，株主の個人責任排除のために不可欠な釣合いの錘として機能する．この理由から，AktG は基礎資本金を一連の規定によって保護しようとしている．これらの規定は，一方の資本充実（Kapitalaufbringung）の命令，他方で資本維持（Kapitalerhaltung）の命令に区分けされている．これらの原則は，ドイツのすべての資本会社（Kapitalgesellschaft）にとって特徴的なメルクマールである．しかし，株式会社法では，特に厳格に実現されている．

そのことが顕著なのは，一つには，責任資本の絶対額が定められていることである．株式会社ではこの額は 50,000 ユーロ（§7 AktG）で，有限会社の場合の2倍である．株式会社における厳格な資本保護が特に明確になるのは，資本維持の原則に関してである．責任資本がその機能を果たすことができるのは，それができるだけ減少することなく維持される場合である．このためにあるのが，§57 Abs.3 AktG であ

---

(2) BGHZ 164, 50 „Tri-Hotel".

る．すなわち，株主に配当として分配してよいのは，貸借対照表上の利益だけである．これに対して，有限会社法では，基本資本金（Stammkapital）——その額は最低で 25,000 ユーロ——の限度まで資本流用が可能である．

この関連で特に注意しなければならないのは，基礎資本金と会社財産とを厳密に区別しなければならないということである．基礎資本金は，定款の必要的記載事項（§23 Abs.2 Nr.3 AktG）であり，年度決算書では貸し方の勘定科目として示されなければならない．したがって，基礎資本金は定款によって固定された貸借対照表の数値でしかない．これに対して，会社財産は流動的である．これは，確かに基礎資本金と一致する場合もある．しかし，こんなことは事実上ほとんど起こらないであろう．会社財産として評価されるのは，株式会社に帰属するすべての権利の総額，したがって，現金，不動産，債権等である．これらは，貸借対照表では借方の勘定科目として示されなければならない．資本維持に関する諸準則も，事業の失敗のときに会社財産が使い果たされるのを，妨げることはできない．

V．企業組織

株式会社の組織は，相当程度 §1 AktG の外部で規律されている．ここでは，特に特徴的な点だけを取り上げておこう．

§3 Abs.1 AktG の結果，株式会社は任意の目的のために設立することができる．したがって，株式会社は営利事業を行う必要がない．それにもかかわらず，株式会社には商人の特別法が適用になる．株式会社は，§6 HGB のいう法形式による商人（Formkaufmann）である．

突出したメルクマールは，株式会社の組織構造である．株式会社は，取締役会，株主総会および監査役会という3つの会社機関をもつことを強行法的に定められた，ドイツで唯一の会社形式である．AktG は，

それぞれの機関にその権限を割り当てている．取締役会は，株式会社を代表する．監査役会は，取締役会を監視する権限をもつ．株主総会は，株主がその権限を行使する機関である．

●C● 他の会社形式との境界線

株式会社の構造メルクマールを手がかりとして，会社法的結合の他のあらゆる形式に対する株式会社の境界を，画定することができる．

I．人的会社に対する境界線

株式会社は固有の法人格をもつ団体である．その存在は，その構成員の存続と連結していない．このことが，株式会社を人的会社——たとえば，民法上の会社〔組合〕(Gesellschaft bürgelichen Rechts; GbR)，合名会社 (offene Handelsgesellschaft; OHG)，合資会社 (Kommanditgesellschaft; KG)——から根本的に区別する．さらに，株式会社は，会社持分を組織された資本市場で売却する唯一の法形式である．たしかに，大衆会社 (Publikumsgesellschaft)〔資本集積のために多数の社員を有する，法形式としては株式会社，民法上の会社，合資・合名会社でも可能〕も資本集積所としては役に立つ．とはいえ，その持分は組織されていない，いわゆる灰色の資本市場で取引される．

II．他の資本会社に対する境界線

株式会社と並んで，**有限会社 (Gesellschaft mit beschränkter Haftung; GmbH)** は実際上最も重要な資本会社である．有限会社は，同様に法人であり，したがって，構成員の存続とは無関係である．さらに会社財産への責任制限も，その構造上のメルクマールに数えられる．とはいえ，株式会社は株式に細分化された基礎資本金を有している．株式は，自由に譲渡できる．有限会社では，会社持分の投機的取引は，

第 2 章　株式法総論

§15 Abs.3 u.4 GmbHG〔有限会社法第 15 条第 3 項および第 4 項〕によって制約されている．これらの規定によれば，社員が会社持分の譲渡義務を負担し，さらに譲渡行為それ自体を行うためには，それぞれ公証人による公証が必要である．さらに，資本保護の整備の仕方も異なっている（上記参照）．

〔ドイツでは，巻末の付録にあるように，株式会社の数が日本に比べて極端に少なく，有限会社が非常に多い．その理由は，株式会社では強行法的な規制が厳しいのに対して，有限会社では私的自治の働く余地が大きいからといわれている．また，これとも関連するが，株式会社ではさまざまな行為について公証人の公証が必要であるが，有限会社では必要ない．したがって，公証費用の節約という意味でも，有限会社は有利である．〕

株式会社（AG）と並んで，2 つの特別の形式の株式会社が知られている．すなわち，株式合資会社（Kommanditgesellschaft auf Aktien; KGaA）およびヨーロッパ株式会社（societas europaea; SE）である．

株式合資会社は，§§ 278-290 AktG において規律されている．株式会社と違って，株式合資会社には無限に責任を負う社員が参加していなければならない．この社員は，無限責任社員（Komplementär）〔本来の意味は補充者〕と呼ばれる．したがって，会社財産への責任制限は破られている．

ヨーロッパ株式会社は，ヨーロッパ大で活動する資本会社のための最初の超国家的法形式である．その設立の強行法的要件は，「設立者」たる複数の会社が少なくとも 2 つの EU 構成国の法に服しているということである．その他の点では，ヨーロッパ会社はドイツの株式会社の本質的メルクマールに原則として対応している．唯一，その基礎資本金は著しく高くなっている．ヨーロッパ会社は 120,000 ユーロを要求しており，これに対して，ドイツの株式会社には 50,000 ユーロ

しか規定されていない．ヨーロッパ会社については，最後の章において論ずる．

●D● 諸利益の衝突と規律目標

株式法には，法発見に影響を与える可能性のあるさまざまな利益がある．区別することができるのは，債権者の利益，株主の利益，被用者の利益，一般公衆の利益，最後に企業そのものの利益である．AktG は，ここで，公正な利益調整を実現するという目標を追求する．

I．債権者の利益

§1 Abs.1 S.2 AktG は，株主に有利な立法者の決定である．しかし，この規範は，同時に債権者の利益を危険にすることに繋がる．したがって，債権者保護は，株式法規律の古典的分野である．債権者保護は，主として，資本充実と資本維持の規範によって与えられる．これに付け加わるのが，資本準備金と計算に関する規範である．最後に，取締役会と監査役会の個人的責任もこの中に数えられる．まとめれば，債権者保護の3本柱ということができる．

II．株主の利益

株主にとって，株式会社の経済的成功が決定的である．これによって貸借対照表上の利益が増加する．このことはまた，高配当を期待させる．これに加えて，通常の場合その株式の価値も上昇する．このことから予期できるのは，株主のサークルでは衝突の可能性がほとんどないということである．とはいえ，現実の法は，別の像を描く．その根拠は，株式取得の背後にありうる動機の多層性である．

(1) 最初に衝突するのは，株式会社の成長を継続したいという利益と株主の財産的利益である．株主にとっての関心事は，できるだけ完全

な利益分配である．これに対して，企業にとってより利益となるのは，しばしば，投資を行うことである．ドイツでは，この問題は，「バッタの討論（Heuschrecken-Debatte)」[3]として知られている．その見本となる例は，短期間の高利回りを狙うヘッジファンドである．

結局この問題は，「**株主価値（Shareholder Value）**」**概念**に帰着する．これによれば，取締役会は，株式会社の経営を，株式会社が収益を高め，これによって株主の財産を増加させるように行わなければならない．したがって，株式会社は，このように理解された株主の利益に完全に服する．株主は，他の利害関係人，それゆえ被用者，債権者および一般公衆に対して有利な立場に立つ．このテーマが紛争の火種を多く含んでいることは，容易に理解できる．実際の例として，株式取引相場を上げるために，被用者の職場を削ることがある．

二つの考え方〔会社の継続的成長と株主の財産的利益〕は，その極端な立場に立つならば，適用することはできない．株式会社は，その投資家を満足させなければ，資本調達の際に困難な問題を抱えることになる．利益の最大化だけを考えていると，株式会社は社会的および政治的に評判を落としかねない．そのことは，事業の成功を危険にする．したがって，具体的事案の観察を行うことが非とも必要である．取締役会は，どちらの側を優先するか，その都度新たに吟味しなければならない．この点では，実際的調和の原則（Prinzip der praktischen Konkordanz）ということができる．しかし，1つだけ見落としてはならないことがある．すなわち，結局は株主が株式会社の所有者だということである．利益衡量においては，株主が優先的地位が与えられなければならない．

(2) 株式法の重要な規律分野として，**少数株主の保護（Minderheiten-**

---

[3] この概念は，かつての連邦労働・社会大臣 Franz Müntefering に由来する．

schutz）がある．多数株主は株主総会を投票の力によって支配できるので，専ら少数株主に不利益をもたらす決議を押し通すことができる．この危険を AktG は予防しようとしている．多数株主には一般的な優位は認められない．しかし，AktG には，少数株主保護の完結的構想はない．規範化されているのは，少数株主が多数株主に反対して自己の意思を押し通すことができる，あるいは，多数株主の決議をブロックすることができる，さまざまな具体的要件事実だけである．例としてあげることができるのは，§122 AktG である．この条文によれば，少数株主は株主総会の招集を要求し，場合によっては，一定の事項を議題にすることができる．重要な権利を形成しているのは，§179 AktG である．この条文によれば，1/4 の株主は定款の変更，たとえば増資や減資を妨げることができる．

(3) まさにこの点に，株式会社の利益にとっての危険も存在する．少数株主は，重要な事業決定をブロックすることができる．株式会社は，経済的停滞を強いられる可能性もある．これを防ぐのが，**株主の誠実義務（Treupflicht der Aktionäre）**である．この義務は，株主に一定の投票行動を取るよう，または，妨害的態度を取らないよう義務付ける．したがって，誠実義務は，株式会社の利益のために少数株主保護を修正する．しかし，この義務は，株主と会社の間だけで存在するのではない．株主相互の間でも，この拘束に服する．この認識は判例の変更に負っている．1988 年になって初めて BGH は，誠実義務の考え方が多数／少数株主関係にも基礎となるということを認めた[4]．突破口となったのは，Girmes 判決である[5]．すなわち，少数株主は，多数株主に対して誠実義務を負う．これが主として適用になるのは，少

---

(4) BGHZ 103, 183 „Linotype".
(5) BGHZ 129, 136 „Girmes". 事実関係については，第 6 章 F 参照.

数株主がその拒否権を特にブロックの目的のために行使する場合である．

(4) 株主にとって無視できない危険を産出すのは，経営陣である．取締役会は，通常の場合，問題の株式会社の株主ではない人物によって占められる．したがって，株式会社では──人的会社の場合とは違って──〔社員・株主ではない者たちが取締役会を構成する〕部外者機関構成（Fremdorganschaft）が可能である．出資者の地位と経営機能のこの分離は，株式会社では広く普及している．取締役会は，したがって，他人の金で事業活動を行う．こういう場合に，経営者はしばしばその名声を高めたいという魅力のとりこになる．そうなると，個人の利益が株主の利益より上になる．「経営の一人歩き（Verselbständigung des Managements）」とも言う．いかに簡単に的外れになってしまうかを示しているのが，ダイムラーとクライスラーの結婚の破綻である．

これを妨げるために，経営に対する株主権の改善が常に行われてきた．その例は，株主の情報請求権（§131 AktG）であり，あるいは，§§148, 149 AktG 訴訟許可手続である．これによって，取締役会の行為の一種の紀律化が達成される．

(5) この領域に入るのは，さらに，**平等取扱い原則（Gleichbehandlungsgrundsatz）**である．この原則は，ドイツ会社法の一般原則であって，§53a AktG〔a は改正によって付加された枝番号〕で規範化される前からも認められていた．この原則によれば，すべての株主は，同じ条件の下では平等に扱われなければならない．したがって，「どんな犠牲を払っても何でも平等にする」というわけではない．実質的な理由があれば，不平等な取扱いも許される．この原則の意味は，社員〔株主〕資格とそこから生ずる権利を株式会社の機関による浸害から保護することである．

(6) 全く新しい問題は，**投資家保護（Anlegerschutz）**の概念と関係する．これらの問題は，1965 年 AktG の導入の際には，念頭になかった．したがって，この法律は断片的な保護しか提供していない．たとえば，組織の強行法的整序を通じて．これに対して，主として投資家保護に役立っているのは，資本市場法である．この法が独立の法分野として確立したのは，最近年のことである．豊富な法律と規律が株主保護を確保しようとしている．そのための手段は，広範に及ぶ報告義務（たとえば，§§21ff. WpHG，または，§15 WpHG によるアド・ホックな公示），あるいは，目論見書義務（§3 WpPG 参照）である．これと並んで，資本市場の機能性の確保も意図されている．

III．被用者の利益

被用者にとって重要なのは，働く場所の維持である．この保護の必要を特に考慮しているのが，労働法（たとえば，解約告知〔解雇〕保護法）である．

この他に，被用者には企業における共同決定権が認められている．ドイツでは，2 元的システムが作られた．共同決定権は，事業所レベルと企業レベルで存在する．

事業所構成法（BetrVG）による**事業所共同決定（betriebliche Mitbestimmung）**は，各事業所における使用者による不当な取扱いから被用者を保護するためにある．これは，古典的な労働法に属し，ここではこれ以上論じない．

企業共同決定（Unternehmensmitbestimmung）は，監査役会への被用者代表の派遣についての準則によって保障されている．最低水準の共同決定を規律するのが，三分の一参加法である．すなわち，ある会社で，通常 500 人超の被用者が雇用されている場合に，監査役会の最低限三分の一は被用者出身でなければならない．通常 2000 人超の

被用者を抱える会社の監査役会は，共同決定法の準則に従って，それぞれ半分まで被用者と持分所有者〔株主〕の代表によって構成されなければならない．この結果，投票に際して手詰まり状態が生ずる場合には，同じ問題についての再度の投票に際して，議長が2票目をもつ（§29 Abs.2 MitbestG）．したがって，議長の選任に決定的意味が付与される．鉱業部門共同決定（Montanmitbetimmung）に服する株式会社の監査役会は，労使対等である．鉱業部門共同決定に服するのは，鉱山事業を営み，1000人超の被用者を雇用している会社である〔炭鉱の多かったルール地域は，第2次大戦後イギリス占領下に入った．当時イギリス（労働党政権）では，炭鉱国有化政策が進められており，占領地域でもそれを実現しようとした．しかし反対があって，それに代替するものとして，完全に労使対等な共同決定が導入された〕．

IV. 一般公衆の利益

この他に，株式会社は一般公衆の利益（Allgemeininteresse）のためにもある．1937年AktGには，このことが§70 Abs.1で明示的に規定されていた．この公共の利益条項は1965年の法律改正の際には，受継がれなかった．立法者は，この条項は自明のことであるという前提であった．今日では，この条項をArt.14 Abs.2 GG〔基本法第14条第2項〕にある所有権の社会的義務を特別に明確化したものとして捉えることができる．この基本法の規定から，一般公衆の利益をどのようにして具体化するかということも出て来る．重要なのは，社会政策のレベルと国民経済のレベルである．株式会社は通常は大企業であるのだから，社会的任務も負っている．そのことは，たとえば，従業員のための配慮について言うことができる．その上，株式会社は，ドイツの経済全体の推移の中で，重要な単位である．したがって，このことから，一般公衆は，経済全体から見て意味のある行動を要求する．

D 諸利益の衝突と規律目標

一般公衆の利益は,もちろん,株主の利益と衝突する可能性がある.これが明確になるのは,株式会社が公益的課題を遂行する場合である[6].この場合には,いかなる利益も優越することができない.上で示したように,いたわりのある,意味のある調和が見出されなければならない.

V. 会社または企業の利益

AktG の若干の規範は,会社または企業の利益と関連している.これがもっとも明確なのは,§121 Abs.1 AktG である.ここでは,「会社の利益(Wohl der Gesellschaft)」と言われている.BGH も,「企業の利益(Interesse des Unternehmens)」というものを明示的に認めている.

企業の利益というとき,それは取締役会や監査役会の行為の基準を示している.しかしこの概念の背後に何が含意されているかは,明確ではない.この点について法律の規律からは,何も読み取ることができない.

さしあたり,企業それ自体は,その存続および生存についてなんらの利益ももっていない[7].このことは,企業が法人であるという性質から出てくることである.さまざまな人的グループが,経済的単位としての株式会社の存続に利益を有している.債権者,被用者,株主にとって,株式会社の存続は重要である.一般公衆にもこのような利益は認められる.理由は,株式会社が国民経済に寄与することである.

---

(6) 公益的株式会社の例として,たとえば,ベルリン動物園,これは 1841 年以来株式会社の形式で組織されている,および DEGEWO(ドイツ住居建設促進会社)がある.

(7) 第1次大戦後の通説は違っていた(「企業それ自体(Unternehmen an sich)」の理論.Walther Rathenau によって基礎付けられた).

しかし，企業の利益は，これらのグループの一つの利益と等置することはできない．たとえば，利益を生まない事業所部分を閉鎖することは，持分所有者にとって利益となるかもしれない．しかし，それが被用者の希望に沿うものであることはめったにない．

最後に，機関は企業の利益に即してその裁量を行わなければならない．企業の利益がどのようにして決定されねばならないかは，たいていは具体的事案の問題である．もちろん，これは困難な境界画定の問題をともなう．この問題は，ここでは議論することができない．けれども，指導原理は常に株式会社の維持と成長である．このために機関は，尽力しなければならない．

VI. §23 Abs.5 AktG の意義

利益の衝突に関して，§23 Abs.5 AktG が指導原理となる．この規定によれば，AktG の規範と異なる定款の定めは許されず，例外的に，これが明示的に許された場合に可能である．これによって，AktG が見出した利益調整が確保される．私的自治には明確な制限が課されている．この規制が利益の釣り合いを保っている．そうでなければ，はかりはどちらか一方に傾く危険が存在することになる．

● E ● 株式会社の類型

株式会社は，多数の投資家の参加に特に適している．したがって，株式会社は，実際にはたいていの場合，大衆会社（Publikumsgesellschaft）である．典型的には，その株式の市場取引が許されている．これによって，株式会社はその資本集積所および金銭投資の機能を見事に果たしている．もちろん，このような会社は，往々にして，一ないし複数の大株主を有している．

大衆会社の対極にあるのが家族株式会社（Familien-AG）である．

E　株式会社の類型

　ここでは，株式の過半数は一家族の手の中にある．特別の措置も取られて，家族の支配を確保しようとする．これを可能にするのが，たとえば，譲渡禁止の記名株式の創設である．家族株式会社は，小規模の経済単位だけはない．Tschibo〔コーヒーその他〕や Bertelsmann〔放送等〕は大企業だが，家族的構成である．

　公的組織も株式会社という法形式を利用することができる．公的組織が所有する株式会社（AG im Besitz der öffentlichen Hand）と言う．たとえば，ゲマインデ〔地方公共団体〕は〔ガス・水道事業を営む〕都市事業株式会社を作ることができる．この会社には，AktG が全面的に適用される．さらに，この会社は公法上の条件にも服する．公法上の株式会社が私的株主を受入れると，混合経営株式会社（gemischtwirtschaftliche AG）と言う．最後に，株式会社は協同組合の分野にも登場している．これは，とりわけ，株式会社であれば資本市場で資金調達できるということのためである．

● 第3章チャート：株式会社の設立 ●

I. 概 観

```
          設 立
         ╱      ╲
    単純設立       特別設立
金銭出資による設立    現物出資による設立，または，
個別株主の特別利益を伴わない  個別株主の特別利益を伴う設立
```

II. 設立の諸局面
1. 設立前の局面
2. 設立過程
   a. 定款の作成
   b. 株式の引受け／会社の設置
   c. 設立機関の任命
   d. 基礎資本金の給付
   e. 設立報告書および設立検査
   f. 商業登記簿への申請および登記

III. 特別設立
▶ 現物出資または現物引受け（§27 AktG）
▶ 個別株主にとっての特別利益（§26 AktG）

<u>問題点</u>：特別設立は，債権者および将来の株主にとっての危険をはらむ
　→したがって，AktGには特別設立に関する特別規定がある
　特に問題なのは，―法律に規定がない―隠蔽された現物出資の取扱い

IV. 設立段階における責任
1. 会社債務についての責任
   a. 行為者責任（§41 I2 AktG）
   b. 損失填補責任
   c. 貸借対照表不足責任
2. 自己の過誤に対する責任
   a. 発起人責任（§46 AktG）
   b. 発起人の仲間および発行者の責任（§47 AktG）
   c. 取締役会・監査役会メンバーの責任（§48 AktG）
   d. 設立検査人の責任（§49 AktG）

第3章

株式会社の設立

◇文献◇ Schmidt, Karsten, Gesellschaftsrecht, 4.Aufl., 2002, §11 (S.289ff.) und §27 (S.783ff.); Kübler, Friedlich/Assmann Heinz-Dieter, Gesellschaftsrecht, 6.Aufl., Heidelberg 2006, §15 I (S.187ff.) und §25 (S.376ff.); Eisenhardt, Ulrich, Gesellschaftsrecht, 13.Aufl., München 2007, §38 (S.295ff.); Wilhelm, Jan, Kapitalgesellschaftsrecht, 3.Aufl., Berlin 2009, Abschnitt C (S.75ff.); Hüffer, Uwe, Aktiengesetz, Kurzkommentar, 8.Aufl., München 2008; Aktienrecht im Wandel (Hrsg. Walter Bayer und Mathias Habersack), Band II, Grundsazfragen des Aktienrechts, Tübingen 2007.

●A● 概 観

　株式会社は，**組織変更（Umwandlung）**および**(新)設立（(Neu-)Gründung)**によって生ずる．組織変更の場合は，一または複数の既存の会社が株式会社という法形式に移される[1]．これに対して，株式会社の設立の場合は，新しい権利の担い手が創設されるのであり，それは別の会社から生じたものではない．実際上は，組織変更の方が新設よりもより頻繁であろう．特に重要なのは，別の会社形式から株式会社という法形式への形式変更であり，これによって株式の上場ができ，こうして資本への接近が可能になる．しかし，90年代半ばの「ニュー・エコノミー」の始まりによって，株式会社の設立も増えた．

---

[1] 最も重要なケースは，同一性を維持したままでの形式変更，合併および分割である．

A 概観

加えて,組織変更法は,多くの点で AktG〔株式法〕の設立規定を参照している.

株式会社の設立は,法定の厳格な要件に服している.この準拠規定のシステムによって,いかがわしい設立が予防される.したがって,設立の規定は債権者および将来の株主の保護のためにある.このシステムは,株式会社の法形式を用いた,いわゆる「詐欺的設立(Schwindelgründung)」が今日ではもはやないという点から見れば,実効的であることを実証した[2].厳格な規定だということは,裏返せば,株式会社の設立が難しいということである.

現行の AktG は,1965 年以降,一体的設立〔発起設立〕(Einheitsgründung)(あるいは,同時設立(Simultangründung))だけを許している.この意味は,すべての株式が発起人(Gründer)自身によって引受けられなければならないということである,§29 AktG.この反対は,段階的設立〔募集設立〕(Stufengründung)(あるいは,漸次設立(Sukzessivgründung))であって,1965 年までは同様に許されていた.後者の場合には,すでに設立の段階で株式を大衆に提供することができた.したがって,今日の実務では,大衆会社[3]の設立の際には,たいていは銀行または銀行コンソーシアムが発起人として登場する.この発起人がすべての株式を引受け,設立後にそれを大衆に譲渡する.

そのほかに,いわゆる単純設立(einfache Gründung)と特別設立(qualifizierte Gründung)とが区別されなければならない.**単純設立**は,

---

(2) とはいえ,いかがわしい設立は,より保護の薄い他の会社形式,たとえば有限合資会社 (GmbH & Co. KG)〔有限会社が無限責任を負担する業務執行社員となっている合資会社〕において認められる,vgl. Kübler/ Assmann, Gesellschaftsrecht, §15 I 1.

(3) 大衆会社の概念については,上記第 2 章 E 参照.

法律が予定する通常の場合である．この場合には，出資として金額が会社に払い込まれる．この金額が払込まれると，これに基づいて企業が設立される．**特別設立**となるのは，株式会社の定款に，債権者と株主にとって特別のリスクとなる規律が含まれている場合である．特別設立の最も重要なケースは，金銭の替わりに，または，金銭と並んで現物出資の給付がある場合である，§27 Abs.1 S.1 AktG 参照．たとえば，発起人が定款によって，不動産，既存の企業その他を株式会社に給付する義務を負担する場合がある．特別設立のその他のケースとして，個別の株主に特別の利益（たとえば，特別の購入権あるいは他より高額な報酬）を認める場合である，§26 AktG．特別設立となる場合には，加重的要件が満たされなければならない．この要件の詳細については，後に論ずる．

●B● 設立の諸局面

株式会社の設立は，さまざまな局面を経過する．これらの局面は，設立前の局面（Vorgründungsphase），設立の局面（Gründungsphase），会社の成立（vollendete Gesellschaft）と言うことができる．

I．設立前の局面

設立前の局面には，公証人手続による定款の作成までのすべての行為が入る．株式会社の発起人たちは，定款作成前から契約により相互に拘束しあうことができる．このような契約は，民法上の組合の形式で内部組合を設立する，§§705ff. BGB．組合の目的は，株式会社の設立である．けれども，この組合契約に基づいて株式会社の設立を求めて訴えることができるのは，この契約が方式を具えて有効である場合だけである．株式会社の設立を目指す場合には，設立前の契約についても公証人による認証を要件とする．とはいっても，設立前の組合

は，株式会社設立のための不可欠な構成要素ではない．定款作成前には，発起人の間で契約関係がまだ存在しないこともしばしばである．設立前の局面は，会社の設立，したがって定款の作成と株式の引受けによって終了する．設立前の会社（Vorgründungsgesellschaft）〔組合〕が存在した場合には，設立によって組合目的は達成される．この結果，§726 BGB によって，設立前の会社〔組合〕は自動的に終了する．

II．設立の局面

設立の局面に入るのは，本来の設立の過程である．この過程は，§§23-53 AktG において規律されている．

1．定款の作成

最初に，§23 Abs.1 AktG に従って，定款が練り上げられ，作成されなければならない．AktG は，「定款（Satzung）」という概念と「会社契約（Gesellschaftsvertrag）」という概念を同じ意味で用いている，§2 AktG 参照．定款の作成は，発起人が 2 人以上の場合には，会社契約の締結ということになる．発起人が 1 人の場合には，定款作成は発起人の単独行為である．定款の最低限必要な内容は，§23 Abs.3 u.4 AktG から明らかになる．この規定によれば，定款は少なくとも次の事項を含まなければならない．すなわち，会社の商号（Firma）および所在地（Sitz），事業の目的，基礎資本金の額，基礎資本金が細分化される株式の種類，取締役についての記述〔取締役の数または取締役数の決定基準〕，および，会社の公告の方式についての記述である．定款作成について，株式法では，**定款厳正（Satzungsstrenge）**の原則が妥当する．その意味は，AktG と異なる定めができるのは，法律がそれを明示的に許している場合だけであり（§23 Abs.5 AktG），追加的規定を定款に入れることができるのは，AktG がそれを妨げない場合だけである．定款の作成は，**公証人による認証**を受けなければなら

ない，§23 Abs.1 AktG.

2. 株式の引受け／会社の設置

次の一歩で，設立時株主（Gründungsaktionär）は，会社のすべての株式を引受け（übernehmen）なければならない．この過程は，**Zeichnung**〔「引受け」，本来の意味は「署名」；有価証券の購入一般の意味にも用いる〕とも言う．この過程も，§23 Abs.2 AktG によって公証人によって認証されなければならない．それゆえ，実際には，株式の引受けと定款の作成は同時に行われる．引受けの意思表示によって，株式の発行価額を出資として給付する発起人株主の義務が設定される．すべての株式の引受けによって，会社は，§29 AktG によって**設置される（errichtet）**．§29 AktG のいう「設置される（errichtet）」という概念の意味は，今や会社が法的構築物として存在するということである．しかし，この会社は，§41 Abs.1 S.1 AktG の一義的な文言によって商業登記簿に登記されるまでは，まだ株式会社になっていない．このような設置の時点からの会社を，**設立中の会社（Vor-Gesellschaft）**，あるいは**設立中の株式会社（Vor-AG）**と呼んでいる．設立中の株式会社は，通説によれば，独特の総有的組合（Gesamthandsgesellschaft sui generis）である[4]．設立中の株式会社は，今日の通説によれば，権利能力を有する．それは，すでに商業を営み，アクターとして市場に登場することができる．商業登記簿への登記（下記参照）によって，設立中の株式会社は終了する．この場合，すべての権利・義務は包括承継によって株式会社に移転する[5]．

---

(4) 別の説によれば，設立中の株式会社はすでに団体としての性質をもつ構築物である，たとえば，Karsten Schmidt, Gesellschaftsrecht, §11 IV 2b aE (S.301).

(5) 通説．他の説（同一性説）によれば，設立中の会社と出来上がった会社との

3. 設立機関の任命

　会社が行為できるために真っ先に行わなければならないのは，その機関の任命である，§30 AktG．株式会社の機関は，株主総会，監査役会および取締役会である（これについて詳しくは次章「組織」参照）．発起人は，最初に**監査役会**を決めなければならない，§30 Abs.1 S.1 AktG．この過程も，§30 Abs.1 S.2 AktG によって公証人による認証が必要であり，したがって同様に定款の作成と連続して行われるのが通常である．被用者の共同決定に関する法規定は，最初の監査役会の任命の場合には，§30 Abs.2 AktG によって，まだ適用しなくてもよい．例外となるのは，企業または企業の一部の給付または引受けという形で現物出資の設立が行われる場合である，§31 Abs.1 AktG．最初の監査役会は，§30 Abs.3 AktG により，最初の事業年度のために限って任命することができる．この後は，被用者共同決定に関する規定を顧慮して，新しい監査役会が任命されなければならない．監査役会が発起人によって決められると，この監査役会は，§30 Abs.4 AktG に従って，最初の取締役会を任命する．これによって設立中の株式会社の機関は組織され，行為できることになる．

4. 基礎資本金の給付

　次の一歩として，会社に財政的手段が調達されなければならない．このために，発起人は，§36 Abs.2 S.1 AktG によって，その出資を給付する義務を負う．このとき金銭出資の場合には，登記申請の前に株式の発行価額の少なくとも 1/4 が払込まれていなければならない，§36a Abs.1 AktG．現物出資は，§36a Abs.2 AktG によって，完全に給付されなければならない．金銭および現物出資の給付は，取締役会

　間には同一性があり，したがって，そもそも何も移転する必要がない．

の自由な処分が可能になるように行われなければならない，§54 Abs.3 S.1 AktG. この法規定によって確保しようとしているのは，会社の資産が事実上も自由に使えるということである（いわゆる，実質的資本充実（reale Kapitalaufbringung）の原則）．

5. 設立報告書および設立検査

株式会社が登記できるための次の要件は，**設立報告書（Gründungsbericht)** の作成である，§32 Abs.1 AktG. この報告書は，設立の経過についての記述を内容としていなければならない．この報告書が特に重要になるのは，すぐ後に論ずる特別設立の場合である．設立報告書は，書面で，かつ，発起人自身が作成しなければならない．設立報告書に基づいて，**設立検査（Gründungsprüfung）** がなされる．区別しなければならないのは，内部的設立検査と外部的設立検査である．内部的検査は，§33 Abs.1 AktG によって，取締役会および監査役会のメンバーによって行われる．§33 Abs.2 AktG で限定列挙されている特定の場合には，内部的検査の他に外部的設立検査が必要である．これは，会社から独立した検査人によって行われなければならない．内容的には，設立検査は設立報告書における発起人の記述をコントロールしようとするものである，§34 Abs.1 AktG. 設立検査については，各検査人は報告書を提出しなければならない，§34 Abs.2 AktG.

6. 商業登記簿への申請および登記

上で挙げたすべての要件が満たされると，会社は**商業登記簿への登記を申請**することができる．申請は，すべての発起人，ならびに，監査役会および取締役会の全メンバーによって行われなければならない，§36 Abs.1 AktG. 申請書の必要的記載内容は，§37 AktG から明らかになる．とりわけ表示され，証明されなければならないのは，出資が

十分に給付され，取締役会が自由に処分できるようになっていることである，§37 Abs.1 AktG. 加えて，任命された取締役会メンバーについての記述（§37 Abs.2 u.3 AktG）が必要である．申請書には，複数の書類が添付されなければならない．とりわけ，定款作成証書，株式引受証書，取締役会および監査役会に関する任命証書，および，設立報告書と検査報告書である．これらの必要書類に基づいて，登記裁判所は，会社が規則どおりに設置され，申請がなされているか審査する，§38 Abs.1 AktG. 裁判所が瑕疵を確認したときは，登記を拒否しなければならない．けれども，注意しなければならないのは，定款の規定に瑕疵があることを理由として登記を拒絶できるのは，§38 Abs.3 AktG に挙げられた場合だけである．妨げとなる瑕疵がない限り，会社は商業登記簿に登記される．登記は，**設権的効力**をもつ．その意味は，株式会社がそれとして成立するのは登記によってだということである．

III. 会社の成立

会社の商業登記簿への登記によって，設立過程は完了する．この時，会社は株式会社となる．

● C ● 特別設立

株式会社の設立について法律が予定している通常のケースは，金銭出資による設立であって，すべての株主が同じ権利・義務を有する場合である．このような設立は，しかしながら，めったにない．頻繁に起こるのは，金銭出資ではなく現物出資が会社に給付されることである．加えて，往々にして，定款は個別の株主のために特別の権利を規定している．このような設立には，債権者および将来の株主にとって特別の危険が隠されている．このような設立に関して，「特別設立

(qualifizierte Gründung)」という上位概念が定着している．立法者は，特別設立に関して特別の要件を規定している．以下では，現物出資設立と特別利益の付与の場合を分けて論ずる．

I．現物出資設立

現物出資設立（Sachgründung）と呼ぶのは，現物出資または現物引受けによる株式会社の設立である．現物出資設立の取扱いのために特別な規定があるのは，定款作成（§27 AktG），設立報告書および設立検査（§§32-34 AktG），および，登記裁判所による審査（§38 Abs.2 AktG）についてである．

1．現物出資および現物引受けの概念

現物出資（Sacheinlage）といえるのは，§27 Abs.1 S.1 AktGによれば，設立時株主がその出資を，金銭によってではなく，または，もっぱら金銭によってではなく，一部または全部を現物によって給付する場合である．ここで現物と言っているのは，金銭ではないすべての財産客体である．その中には，物，権利，およびその他の財産客体が入る．たとえば，ある社員が，不動産や企業を会社に給付する義務を負担する場合がある．社員が金銭も現物も共に会社に給付する場合は，混合出資（gemischte Einlage oder Mischeinlage）と言う．これは，いわゆる混合現物出資（gemischte Sacheinlage）と取り違えてはならない．混合現物出資ということで理解しているのは，ある社員が会社にある財産客体を譲渡し，その見返りに一部は株式を受け取り，一部は他の対価によって償われる場合である．

現物引受け（Sachübernahme）ということで理解しているのは，会社による財産客体の引受けであって，それが設立をきっかけとして，かつ，株式ではない対価に対してなされる場合である．財産客体が発起人から引受けられるのか，それとも第三者からかは，重要ではない．

C 特別設立

しかし,現物引受けがあると認めるための要件は,この行為が発起人によって,または,少なくとも発起人との取決めによって行われることである.取締役会が第三者と行う行為は,〔現物引受けを規定する〕§27 Abs.1 S.1 AktG には入らない.

2. 現物出資設立に関する特別規定

§27 Abs.1 S.1 AktG は,まず,現物出資および現物引受けは**定款で定められなければならない**と規定している.定款から明らかにならなければならないのは,現物出資または現物引受けの客体,客体が取得される相手方,および,その見返りに与えられる株式,または,現物引受けの場合にはその見返りに与えられる報酬である.したがって,立法者は,**定款による公示(Satzungspublizität)**という手段を選択している.立法者は,現物出資設立を禁止するのではなく,その開示を要求しているのである.これによって,潜在的債権者または株主は誰であれ,生じうる危険について情報を得ることができる.

§27 Abs.2 AktG によれば,現物出資または現物引受けに適合する財産客体は,確定できる経済的価値を有しているものだけである.役務〔サービス〕提供義務は現物出資または現物引受けとはなり得ないと明示されている,§27 Abs.2 2.HS AktG〔2.HS 第2段,あるいは,後段〕.この規定は,実質的資本充実の原則の表れである(この原則については,上記 B.II.4 参照).株式会社の基礎資本金は,経済的に把捉可能であるべきなのである.

§36a Abs.2 S.1 AktG は,現物出資が金銭出資とは違って,設立前に完全に給付されなければならないと規定している.現物出資が財産客体の譲渡義務であるという―実際上はもっとも頻繁に起こる―場合に関しては,この義務は5年以内に履行されなければならない,§36a Abs.2 S.2 AktG.この規範の規定の仕方は,誤解を招く.その射程

は争われている．通説によれば，§36a Abs.2 S.1 AktG が言っているのは，義務負担行為が登記の前に完全に行われなければならないということである．履行行為は，S.2 の言う5年の期間内に行われなければならない．

現物出資設立の場合には，登記裁判所は，§38 Abs.2 S.2 AktG によって，登記前に現物出資または現物引受けの価値を審査し，重大な不均衡がある場合には登記を拒否する．

3．問題：隠蔽された現物出資

現物出資設立は，——たった今説明したように——金銭出資設立に比べて管理費用の著しい増大をともなう．したがって，現物出資設立は，明らかにより多くの時間と費用を集中しなければならない．その結果，この増加費用を免れようという誘惑に駆られることになった．このために，以下のことが行われた．すなわち，ある発起人が不動産（あるいは他の何らかの財産客体）を会社に給付しようとして，まず通常の金銭出資設立が行われた．次に，会社の登記後に，この会社は当該発起人から不動産を取得した．このような実務が行われた主たる目的は，価値のない客体の審査を犯罪的な仕方で回避〔脱法〕することではない．なによりも，時間と費用のかかる手続を短縮したいためであった．そうはいっても，この行為が法律の保護規定の回避〔脱法〕であることに変わりはない．

これに対するリアクションとして，BGH は，**隠蔽された現物出資の理論（Lehre von der verdeckten Sacheinlage）**を展開した．すなわち，2つの法的には分離された過程（金銭出資設立と引続き行われた客体の取得）を一体的な過程と，したがって，現物出資と評価するのである．このための要件は，金銭出資設立とそれに引き続く財産客体の取得との結合がすでに設立の際に意図されていた，ということである．

C 特別設立

当然のことながら現物出資設立に関する規定（上記参照）が遵守されなかったのであるから，当該発起人・株主はその出資をいまだ債務消滅の効果をもって給付していない．株式会社は，約束された全（金銭）出資の給付に対する請求権を依然として有している．反対に，当該発起人・株主は給付した財産客体の返還譲渡請求権を有している．この隠蔽された現物出資の理論は，発起人・株主にとって破滅的な結果をもたらす可能性がある．株式会社が支払不能に陥った場合，当該発起人は全出資額を金銭で納入しなければならない．しかし，彼の有する財産客体の返還譲渡請求権は，債権額に応じた配当分の金額しか主張できない．これは，極端な場合には，経済的にはすべてを失うことを意味する〔以上を理解するには，ドイツ物権法に特有の無因主義が前提となる．発起人・株主と会社との関係で，前者の金銭出資の給付義務は依然として有効である．これに対して，財産客体の給付は債務がなかったのだから，原因のない給付である．有因主義を取れば，財産客体の所有権は発起人・株主に残り，したがって彼は所有物返還請求権を有しているので，支払不能の場合でも取戻権を有することになる．しかし，無因主義の下では，たとえ原因となる債務がなくても，発起人・株主との間の所有権移転の合意（物権契約）は有効であって，所有権は会社にあり，発起人・株主は債権である不当利得返還請求権しか有しない．支払不能の場合には，債権者平等の原則が働くので，不当利得返還請求権（債権）しか有しない発起人・株主は本文のような状態になってしまう〕．隠蔽された現物出資の問題は，設立の場合だけでなく，増資の場合にも関連する．

隠蔽された現物出資の理論は，繰り返し批判にあった．その批判として，主として2点が主張された．主張された第1点は，隠蔽された現物出資の理論によって充填されなければならない規律の欠缺がまったくないということである．事後設立（Nachgründung）に関する法

規定である §52 AktG は，完結的な規律である，というのである．この反対論は，説得力をもたない．§52 AktG は，隠蔽された現物出資の理論と交差するとしても，ぴったり重なるものではない．この法規定は，§27 AktG〔上記2参照〕と同様に，立法者が意図した債権者と後の株主との保護の表れである．しかし，この保護こそまさに隠蔽された現物出資の理論によって促進されているのである．この理論に対して主張された第2の反対論は，この理論がヨーロッパ共同体理事会の会社法調和のための第2指令の第10条，11条に反するというものである．この反対論が効果的でないということは，この指令が正しくは単に最低限の基準を定めただけで，〔それ以上の規定をしてはならないという〕最高限の基準を定めたのではないということを考えるだけで十分である．BGH の最近の判決も，BGH が隠蔽された現物出資の理論を維持することを明確にした．

4. 事後設立，および，隠蔽された現物出資の理論との関係

この問題の一部は，**事後設立**に関する規定 §§52 f. AktG において，法律によって規律されている．この法律規定は，会社登記から2年間に発起人または株主との間で締結される一定の契約が特別の要件を満たさなければならない，と命じている．§52 AktG によって事後設立だといえるのは，以下の要件が満たされる場合である．すなわち，

- 契約は，会社と発起人または10％以上の持分を保有する株主との間でなければならない．
- 契約の目的は，会社による発起人または株主からの財産客体の取得でなければならない．
- 取得は，会社の設立から最初の2年以内に行われなければならない
- 取得の対価は基礎資本金の10％を超えるものでなければならない．

C　特別設立

以上の要件を満たす契約が有効であるのは，以下の場合だけである．すなわち，

- 契約が書面という方式を満たしていること，§52 Abs.2 S.1 AktG.
- 契約について事後設立報告書が作成され，事後設立検査人によってコントロールを受けていること，§52 Abs.3, Abs.4 AktG.
- 株主総会の同意があること，その場合，決議は決議の際に代表されている基礎資本金の 3/4 の特別多数決で行われなければならない．
- 契約が商業登記簿に登記されていること．

以上の要件が満たされていない場合には，契約は浮動的に無効 (schwebend unwirksam) である〔相対無効：追認などによって治癒が可能〕．

隠蔽された現物出資と事後設立との関係は，難しい問題であり，争われている．根本的な違いは，隠蔽された現物出資の場合にはすでに設立の際に，給付された金銭出資が後に経済的には現物出資によって置き換えられることが意図されていなければならない，という点にある．BGH は，「取決め (Abrede)」が必要だと言うが[6]，「金銭出資と回避行為との意図的結合 (gewollte Verknüpfung von Bareinlage und Umgehungsgeschäft)」[7] と言ったほうがよい．§52 AktG の場合には，このような結合は必要ない，もちろんあってもかまわないが (§52 Abs.10 AktG)．以下のことは，確認できる[8]．すなわち，

---

(6)　BGHZ 132, 133.

(7)　たとえば，Karsten Schmidt, Gesellschaftsrecht, §29 II 1 c aa (S.888).

(8)　個別的には，事柄は非常に争われている，MünchKomm AktG/Pentz, §52, Rn.70.

- §52 AktG は，会社登記前の契約に適用できない．この契約は，隠蔽された現物出資の理論を手がかりに判定しなければならない．
- 隠蔽された現物出資に当たる契約も，それが §52 AktG の要件に適合すれば，有効になる．有効な契約を，§52 AktG の規定を遵守して，新たに結ぶことができるからである．しかし，このことは，すでに給付された出資とすでに行われた交換行為が依然として無効であることに，なんらの変更ももたらさない．
- §52 Abs.1 AktG が適用にならない場合でも，同条第 10 項は準用することができる．

II. 特別利益の付与

特別利益（Sondervorteil）とは，会社の設立をきっかけとして，一または複数の株主または第三者に与えられる権利である．特別利益だとするための要件は，少なくともこの利益が会社によっても給付されなければならない，ということである．特別利益は，**純粋に債権者の権利**である．特別利益は，会社の構成員資格の結果として生ずるのではなく，構成員資格と並んで存在する．特別利益は，株式と独立に譲渡することができる．特別権の具体例は，以下のものである：商品購入の権利，売上げ歩合給（Umsatzprovision），利益優先権（Vorrecht am Gewinn）など．現物出資設立と同様に，特別利益は，他の債権者および株主にとって不利益となる可能性がある．たとえば，ある株主が利益に優先権をもつと，その他の株主に分配することができる利益が減少することになる．したがって，ここでも AktG は，特別の要件を規定している．§26 Abs. 1 AktG によれば，特別利益はすべて定款で定められなければならない．そうでなければ，これに当たる契約およびその都度の履行行為は無効である，§26 Abs.3 S.1 AktG．会社登記後の治癒は不可能である．特別利益は，§32 Abs.3 AktG によっ

て，設立報告書に記載されなければならない．それは，§33 Abs.2 Nr.3 AktG によって，外部設立検査が必要になる．特別利益の基礎にある契約は，§37 Abs.3 Nr.2 AktG によって，商業登記簿の申請書に添付しなければならない．

● D ● 設立前の会社，設立中の株式会社および株式会社の関係

設立前の会社〔発起人組合〕が存在する場合には，これは民法上の組合である（上記参照）．組合目的は，株式会社の設置である．株式の引受けによってこの目的は達成され，設立前の会社〔組合〕は，§726 BGB に従い，目的の達成を理由として終了する．すでにこの局面で，一部で取引行為が行われる．したがって，誰がこの行為によって権利を有し，義務を負うのか，そして，設立前の会社の終了後いかなる運命がこの権利・義務を襲うのか，という問題が提起される．第1の問題について．株式会社それ自体は，§41 Abs.1 S.1 AktG によって，商業登記簿への登記によって設権的に成立する．その前には，株式会社は権利を取得し，義務を負担することはできない．この局面での行為に際しては，発起人の総有的組合が権利を有し，義務を負う．取引行為が商業の範囲（§1 HGB）に及ぶ場合には，設立前の会社はもはや民法上の組合ではなく，合名会社（OHG）である．第2の問題について．設立前の会社と設立中の株式会社および株式会社との間には，なんらの同一性もない．設立前の会社の権利・義務は，包括承継によって自動的に設立中の株式会社に移転するのではない．権利・義務は，個別的に設立中の株式会社に移転されなければならない．

設立中の株式会社の場合には，この関係の様相は異なる．設立中の株式会社は，設立前の会社とは異なって，株式会社に不可欠の中間段階である．その法的性質は，争われている．通説は，設立中の株式会

社を独特の総有的組合と評価している．それにもかかわらず，設立中の会社はすでに団体としての構造をもっている．設立中の会社は権利能力を有し，したがって，権利・義務の担い手となることができる．AktGの規定は，それがまさに株式会社の登記を要件とするのでない限り，適用可能である．

商業登記簿への登記とともに，最後に株式会社それ自体が成立する．設立中の株式会社と株式会社の関係は，同様に争われている．通説によれば，設立中の株式会社は，株式会社の成立と同時に，したがって，登記によって終了する．この場合，設立中の株式会社のすべての権利・義務は，包括承継によって株式会社に移転する．これに対して，同一性説（Identitätstheorie）によれば，設立中の株式会社と出来上がった株式会社は，一つの，同一の法主体であって，その法形式を変更しただけである．よりよい根拠が後者の説を支持する．株式会社は，たしかにそれ自体としては登記によってはじめて存立する（bestehen）が，しかしながら，すでに設置によって生まれ出ている（existere）．設立中の株式会社と出来上がった会社は同一の機関を有している．加えて，組織変更法も同一性を維持しながらの組織変更を認めている．

● E ● 設立のさまざまな局面における責任

会社が支払い困難に陥った場合に，誰が責任を負うために引き出されるのか，という問題が立てられる．以下では，設立中の局面で最も重要な責任問題について説明する．最初に論ずるのは，設立中の株式会社がすでにこの段階で法的取引関係に登場する場合である．ここで問題になるのは，行為者および発起人がこの結果生ずる会社の負債に関して責任を負わなければならないのかどうか，責任を負うとしていかなる形式においてか，である．この後に論ずる問題は，設立に関与

E 設立のさまざまな局面における責任

した個人がいかなる範囲で自己の過誤 (Fehlhalten) について責任を負うかである．すべての責任要件事実の規律目的は，**資本充実の保障**である．

I．会社債務についての責任

§41 Abs.1 S.2 AktG は，いわゆる**行為者責任 (Handelndenhaftung)** を規定している．その意味は，会社の登記前に自己の名前で行為した者は誰であれ，個人として責任を負う，ということである．この責任は，**対外的責任 (Außenhaftung)** として構成されている．したがって，第三者は行為者に対して直接請求権を取得する．行為者責任は，会社の商業登記簿への登記とともに消滅する．

行為者責任と並んで，いわゆる**損失填補責任 (Verlustdeckungshaftung)** が作り上げられている．これが重要になるのは，会社が登記前に取引行為を行い，ここから損失が生ずる場合である．この場合，行為の着手に同意したすべての発起人が損失填補の義務を負う．この責任は，基礎資本金に対する持分に応じて，分担的に存在する．この責任は，関係社員の会社に対する純粋に**対内的責任 (Innenhaftung)** である．

会社の登記によって，損失填補責任は，いわゆる**貸借対照表不足責任 (Unterbilanzhaftung)** または**事前負担責任 (Vorbelastungshaftung)** に転化する．登記前の会社の行為開始に同意した社員は，登記されると，会社が登記時点で定款で定められている基礎資本金を有していることについて責任を負う．これらの社員は，貸借対照表の不足を埋め合わせなければならない〔基礎資本金が実際に給付されていなかった場合には，これらの社員は，たとえ自らの引受分を給付していたとしても，不足金額の給付義務を負う〕．貸借対照表不足責任も会社に対する純粋に対内的責任である．

II. 自己の過誤に対する責任

発起人の責任（**Verantwortung der Gründer**）は，§46 AktG において規律されている．§46 Abs.1 S.1 AktG は，発起人に，会社の設立に際して行った陳述が正しいことについて責任を負わせている．発起人は，金銭出資が適切な箇所に給付されることについて責任を負う，§46 Abs.1 S.2 AktG．加えて，故意または重大な過失による会社に対する加害の場合にも責任がある，§46 Abs.2 AktG．すべての責任要件事実は，全発起人の連帯責任を生じさせる．発起人がこの責任を免れるのは，当該発起人が責任を生じさせる事実を知らず，かつ，知る義務もなかった場合だけである．請求権者は，株式会社である．第三者は，§46 AktG から社員に対する請求権を導き出すことはできない．

これと並んで，いわゆる**発起人の仲間**（**Gründergenosse**）および**発行者**（**Emittent**）の責任も存在する．この責任は，§47 AktG から生ずる．これによって責任を負うのは，一方では，会社に対する加害を知っていてこれに関与した者たち，他方では，株式の発行に関与した者たちである．後者は特に銀行である．これについて注意しなければならないのは，発行者は自らが惹起したのではない損害についても責任を負うということである．両方のグループとも，故意および過失について責任を負う．§47 AktG の場合も，株式会社だけが請求権者である．この他に，発行者の責任は，§44 BörsG〔取引所法〕および§55 BörsG，§13 VerkProspG〔有価証券販売目論見所法〕からも生ずる．これらの規定は，§47 AktG とは違って，株主および第三者の固有の請求権を認めている．

設立中の会社の**管理業務メンバー**（**Verwaltungsmitglieder**），したがって，取締役会および監査役会のメンバーも責任に服している．これを規律するのは，§48 AktG である．§48 AktG も，会社に対する

E 設立のさまざまな局面における責任

純粋な内部責任を生じさせる．第三者は，§48 AktG から，取締役会または監査役会のメンバーに対する請求権を導き出すことはできない．

§49 AktG は，設立検査人の責任を内容とする．法技術的には，§23 Abs.1-Abs.4 HGB の決算検査人の責任を参照指示することによって行われている．決算検査人は，決算報告書を偏ることなく良心に従って作成しなければならない．過失による義務違反の場合には，最高責任額が 1,000,000 ユーロに制限されている，§323 Abs.2 S.1 HGB．故意による義務違反の場合には，設立検査人は無制限の責任を負う．

● 第4章チャート：株式会社の組織構成 ●

I. 基　礎
- 一元的システム vs. 二元的システム
- 権力分立と権力の嚙み合わせ

II. 取締役会
- 職務：株式会社の事業執行および代表
- 監査役会による任命
- 内部組織：機能分化 vs. 部門化／部門組織
- 会社および債権者に対する責任：基準は，§93 AktG により，通常の，かつ，良心的な業務執行者の注意

III. 監査役会
- 職務：取締役会に対するコントロールと助言
- 一部は持分権者（株主），一部は被用者による選任（共同決定）
- 手段：取締役会の情報提供義務および固有の検査権能，例外としての同意権留保による事業執行への介入
- 責任：取締役会責任の準用

IV. 株主総会
- 職務：基本的事項の決定，大部分は定款の変更，例外的に広範な影響をもたらす業務執行では決定権限
- 取締役による毎年の召集
- 決議による決定：株式額面額または株式数に応じた投票権，第三者による行使も可能：たとえば，受託投票権

V. 株　主
- 株式による構成員資格の設定および譲渡
- 義務：出資の給付，誠実義務
- 権利：配当の支払い，および，株主総会を介した共同管理

第4章

株式会社の組織構成

◇文献◇Aktienrecht im Wandel (Hrsg. Walter Bayer und Mathias Habersack), Band II, Grundsazfragen des Aktienrechts, Tübingen 2007, 7.-16. Kapitel; Schmidt, Karsten, Gesellschaftsrecht, 4.Aufl., 2002, §28; Kübler, Friedlich/ Assmann Heinz-Dieter, Gesellschaftsrecht, 6.Aufl., Heidelberg 2006, §15; Grunewald, Barbara, Gesellschaftsrecht, 7.Aufl., Tübingen 2008, S.261ff.; Wiedemann/Frey, Gesellschaftsrecht, 7.Aufl., München 2007, S.361ff.

　株式会社は，法人である．行為できるためには，それは諸機関を必要とする．国際会社法ではさまざまなモデルがあって，これらの機関の間の権限分配は多様な外見を呈することになる．**一元的**なシステムと**二元的**なシステムが区別される．一元的システム（monisitisches System）は，とりわけ英米諸国で用いられている．そこでは，企業は執行と監視の一体的な機関，役員会（Board of Directors）によって経営される．さらに，この委員会の内部では，業務を執行する役員と業務を執行しない役員（「執行役員および非執行役員（exsecutive and non-exsecutive directors）」）とが区別される．これに対して，二元的システム（dualistisches System）の特徴的メルクマールは，業務執行機関と監視機関，すなわち，取締役会と監査役会とが分離されていることである．このシステムは，とりわけドイツとオーストリアで用いられている．他のヨーロッパ諸国，たとえば，イタリアやフランスでは，異なった組織形態の間で選択できる．選択権は，新たに導入されたヨーロッパ株式会社（Societas Europaea）にもある（Art. 38 lit. b) VO (EG) Nr. 2157/2001).

法的現実は，異なったシステムが相互に接近している．これは，一つのモデルの特有の弱さを別のヴァリエーションへの接近によって排除しようとする試みである．とりわけ，情報問題は，二元的なシステムでは，執行とコントロールとの分離に由来して，しかし，一元的システムでも，一体的機関の内部での特有の権力関係または集団力学的な効果によって，生ずる可能性がある．したがって，どのシステムも「勝っている」と評価できないのであるから，二元的システムを選ぶという基本決定は，基本的に受入れられる．

　二元的システムの主要なメルクマールは，諸機関の間の権限画定の理念型を用いて説明することができる．組織構成の強行法的性格にもかかわらず，実際にはしばしば法とは異なる事実上の力関係になること，とりわけ，監査役会の方に力の重心が動いていることは，別の問題である．二元的モデルにとって特徴的なのは，「**権力の分立と権力の嚙み合わせ（Gewaltenteilung und Gewaltenverzahnung）**」のシステムである[1]．このシステムの基礎にあるのは，ヒエラルヒー〔上下のピラミッド的組織〕秩序ではなく，諸機関の間の力の均衡である．これは，第一に，取締役会と監査役会の関係に当てはまる．監査役会は，たしかに取締役会を任命し，それをまた解任することができるが，しかし，業務執行に介入できるのは，特定の場合だけである．取締役会も，監査役会に対して情報義務を負っており，これによって事業執行の監視を可能にしようとしている．これは，何人も自分自身を監視する義務を負うという危険に陥らないように，ということである．別の論理に従っているのが，取締役会と株主総会の間の権限分配である．取締役会は，経常的な業務を執行し，株主総会は基本的決定，たとえば，合併や解散についての決定を行う．この権限分配は，分業と専門

---

(1) K. Schmidt, 4.Aufl. 2002, §28 V. に従った概念.

化の必然性のゆえである．しかし，この権限分配は，株式会社の経済政策上の意味も反映している．すなわち，株主に会社に対する影響力を十分に与えられている場合にのみ，株主は，広範な金銭供与者の参加によって大きな融資を実現するという，その機能を果たすことができるのである．

以上の大まかな線は，事業執行（取締役会），監視（監査役会）および基本的決定（株主総会，株主）の線引きから出てくるものであるが，この線に沿って，以下ではさまざまな機関の権利・義務についてより詳細に説明することにする．

● A ● 取締役会

取締役会は，§76 AktG によって，株式会社を経営する．その主要任務は，事業執行（Geschäftsführung）と代表（Vertretung）である．会社の経営は，自己の責任で行われる．その意味は，取締役会は他の会社機関または株主の指示に原則として拘束されない，ということである．事業の執行に際しては，取締役会は，企業家としての広範な裁量権をもっている．法律によって具体化されているのは，取締役会の特有の義務だけである，たとえば，§83 AktG による株主総会決議の準備および実行，§91 AktG による商業帳簿の管理，および，§264 Abs.1 HGB による年度決算書および営業報告書の作成である．その他に，会社の目的が事業執行の大まかな方向を指示する．この目的遂行の際には，企業の利益と一般公衆の利益の間に一連の目標の衝突が生ずるのが通常である．しかし，この場合にどの利益に重点をおくかということの規定は与えられていない．重点の置き方は，2つの方向を向いている．一方で，一般公衆の利益を顧慮しなければならない，たとえ1965年の立法者が1937年の「公共の利益条項」を株式法から

A　取締役会

削除したとしても．他方で，企業の利益としては，たとえば「株主価値 (shareholder value)」だけが理解されてはならず，企業の短期的利益最大化 (kurzfristige Gewinnmaximierung) と継続的収益性 (dauerhafte Rentabilität) との間の包括的調整の意味で理解されなければならない．この包括的調整によって，もちろん，もう一度一般公衆の利益，および，とりわけ被用者のことがともに顧慮されなければならない．

　業務執行措置の内容を確定するために，取締役会は決議しなければならない．もちろん，これが必要なのは，取締役会が複数のメンバーからなる場合である．§76 Abs.2 S.1 AktG は，取締役が 1 人ということも許している．しかし，§76 Abs.2 S.2 AktG によって，基礎資本金が 300 万ユーロを超える会社からは，定款に特段の定めがない限り，2 人以上の取締役が規定されている．加えて，ドイツ・コーポレート・ガバナンス・コード (Deutscher Corporate Governance Kodex) 4. 2. 1 は，取締役会が複数のメンバーから構成されるべきとしている．その他に注意しなければならないのは，企業が共同決定法の適用を受ける場合には，労働者代表役員 (Arbeitsdirektor) が取締役会の平等の権利をもつメンバーとして任命されなければならないということである (§§33 MitbestG, §13 Montan-MitbestG)．取締役会のメンバーは，§77 Abs. 1 AktG によって，原則として共同で事業を執行しなければならない．なぜなら，取締役会は同役制機関 (Kollegialorgan) であって，原則として全会一致でしか決定できないからである．しかし，たいていの場合は，定款または事業規則が多数決も可能だと規定しているであろう．加えて，監査役会は，§84 Abs.2 AktG に従って，取締役会メンバーの一人を取締役会議長に任命することができる．さらに，またもや定款や事業規則によって，たいていの場合，賛否同数の手詰まり状態では取締役会議長の票が決すると，定められているであろう．

これに対して，取締役会議長の拒否権は，同役制の原則のゆえに，許されない．この原則への拘束は，ドイツの取締役会議長と英米の最高執行役員（Chief Executive Officer; CEO）とを分かつものである．特に最高執行役員は，ドイツの取締役会議長とは違って，担当の取締役会メンバーを飛ばして，その下の執行レベルに指示を与えることができる．

同役制の原則が妥当するということは，しかし，ドイツの取締役会には分業がない，ということではない．実務では2つのモデルが見出される．すなわち，機能分化（funktionelle Gliederung），および，部門組織（Spartenorganisation）または部門化（Divisionalisierung）の2つである．後者が支配的であり，混合形態も行われている．機能分化の場合には，取締役会の中に，たとえば，販売や財務や研究開発といった実質的な担当分野が形成される．これに対して，部門化の場合には，各取締役会メンバーが企業の独立の経済部門，たとえば一定グループの製品をカバーする部門を代表する．しかし，とりわけこの組織形態の場合でも，またもや同役制の原則が限界として遵守されなければならない．すなわち，取締役会全体が，同役制機関として責任をもち続けるのである．したがって，取締役会メンバーの平等な権利は保障され続けなければならない．

事業執行と並ぶ取締役会の職務として，§78 Abs.1 AktGにより，裁判上および裁判外における会社の代表もある．すでに述べた業務執行の場合と同様に，この場合にも取締役会メンバーは原則として共同で働かなければならない，というのも，§78 Abs.2 AktGが—少なくとも能動代理について—全員代表を命じているからである．けれども，実際には，たいていの場合，定款によって別の形式の代表を定めることができると規定する§78 Abs.3 AktGが，利用されている．この場合でも，単独代表が規定されることはめったになく，より頻繁に現れ

A 取締役会

るのは，2人または複数の取締役会メンバー，または，1人の取締役会メンバーと1人の支配人（Prokurist）による代表である．

　取締役会が機関として有する代表権は，§82 Abs.1 AktG によって，その内容を制限することはできない．すなわち，取締役会は，対外的には無制限に有効に会社に義務を負担させることができる．この見返りに，取締役会はこれについて責任を負うが，それは取締役会が定款，監査役会，株主総会または業務規則が定める基準に違反した場合に負う，会社に対する対内的責任である．この結果，取締役会に対する損害賠償請求，さらには，雇用関係の撤回または解約告知ということもありうるが，しかしながら，そのことはすでに行われた行為の効力を変更するものではない．したがって，法的にできる〔行為は有効〕こと（Können）と，法的にやってよいこと（Dürfen）とが異なる可能性がある．ドイツ会社法に一般的に妥当するこの原則は，英米のウルトラ・ヴァイレス原則とは対立する，すなわち，この後者の原則によれば，会社の権利能力はその目的によって制限される．これに対して，ドイツ法では，会社の内部的な規定に対比して，会社が正常に代表されているという法的取引の信頼が優先されるのである．これに対する限界は，代理権濫用についての民法の一般原則である．したがって，会社の対外的義務負担が否定されるのは，取締役会とその取引相手が意識的に共同で会社の不利益になるようにする場合（通謀（Kollusion）），または，内部的に定められた権限踰越が明白な（evident）場合である．

　取締役会の権能に対立して，さまざまなメカニズムがあり，権力分立と権力の噛み合わせの原則に応じて取締役の仕事をコントロールしようとしている．取締役会を監視する最も重要な措置は，その監査役会に対する従属である．§84 Abs.1 AktG に従い，監査役会によって取締役会は任命される．任命（Bestellung）の期間は，最高5年である．

しかし，再任は許される．任命と区別されなければならないのは，取締役の任用（Anstellung）であり，これは株式会社との雇用契約によって生ずる．実際には任命と任用が同時に経過するのが普通である．けれども，取締役会メンバーが§84 Abs.3 AktG に従って監査役会によって解任され，それにもかかわらず，雇用契約に基づいて給与を受取り続けることは可能である．その理由は，解任のためには信頼の欠落で十分であるが，雇用契約の非常解雇には重大な事由の証明が必要だからである．

取締役会の紀律のもう一つの手段は，取締役会に対して適用される，**責任のレジーム（Haftungsregime）**である．§93 AktG は，会社に対する責任を規律する．§93 Abs.1 S.1 AktG によれば，取締役会メンバーは，その業務執行に際して，通常の，かつ，良心的な業務執行者の注意（Sorgfalt eines ordentlichen und gewissen Geschäftsleiter）を払わなければならない．§93 Abs.2 S.2 AktG によって，取締役会メンバーは，これについて疑わしい場合は，証明責任を負う．2005 年に新たに挿入された§93 Abs.1 S.2 AktG の規律は，この場合の「安全港（safe harbour）」を提供している．その規定するところでは，「取締役会メンバーが，企業家として決定する際に，適切な情報に基づいて会社の利益のために行為していると想定することが合理的に見て許された」場合には，義務違反はない．これは，英米法に由来する「経営判断の原則（business judgement rule）」の考え方に対応するものであるが，しかし，ドイツの判例とも繋がっており，したがって立法は主として明確化のためである．この明確化は，株主の訴訟の可能性を拡大する観点からも必要である．

しかし，この新規律によっても，取締役の責任は依然として厳しい道具である．この場合には，被用者の責任制限の原則は適用できず，また，任用契約によって責任を緩和することもできない．加えて，株

A　取締役会

式会社の取締役会メンバーに対する賠償請求権は，§93 Abs.5 AktGによって，会社の債権者も行使することができる．〔取締役会のために〕安全を保障するのは，具体的な措置についての株主総会の決議だけであって，監査役会の同意は安全を保障しない（§93 Abs. 4AktG.）．この高い責任リスクに対する安全確保策として，実務では，いわゆる役員保険（Directors-and-Officers-Versicherung; D&O）が用いられている．けれども，これが合目的的かどうかは，少なくとも，具体的場合に保険保護が及ぶのかどうかはっきりしないという理由からだけでも，争いがないわけではない．取締役会に対して会社の請求権が存在するかどうかは，監査役会が自己の責任において吟味しなければならない．〔取締役会メンバーに対する責任を問う〕株主総会の決議がある場合には，監査役会はこの請求権を行使する義務をも負い，さらに，少数株主も，§148 AktG の要件を満たせば，これを行うことができる．

取締役会が会社に対して負う責任は，会社が取締役会に代わって第三者に対して負う責任から区別されなければならない．§31 BGB によれば，会社は，損害賠償義務を発生させる取締役会の行為を自己の責任としなければならない．この責任準則は，2002 年の著名な事件で適用された．すなわち，ドイツ銀行の当時の取締役会議長 Rolf Breuer が顧客 Leo Kirch の信用力について懐疑的な意見を表明した．この事件で BGH は，すでに発生し，また，将来発生するすべて損害の賠償を求める，Kirch の契約上の請求権を認めた[2]．

---

(2)　BGHZ 166, 84.

第4章　株式会社の組織構成

● B ● 監査役会

　監査役会は,「業務執行について専門的知識をもってコントロールを行うために任命された機関」[3] である．そのメンバーは，取締役会を任命し (§84 Abs.1 AktG)，それをまた解任し (§84 Abs.3 AktG)，そして経常的業務執行を監視する (§111 Abs.1 AktG)．監査役会がコントロールしなければならないのは，過去の事情だけではなく，将来の事業政策にも及ぶ．コントロールは，「適法性の審査に限定されず，事業執行の合目的性および経済性も組み入れなければならない」[4]．したがって，監査役会には**コントロール義務（Kontrolle- pflicht）**と並んで**助言義務（Beratungspflicht）**が存在する，たとえこれがどの法律にも―しかしながら，コーポレート・ガバナンス・コード 5.1.1 S.1 にはある―明示的に規律されていないとしても．実際上は，監査役会の助言機能は，AktG の規定と比較して，本当にくっきりと明確になっている．すなわち，監査役会と取締役会の間の密な調整が，たいていは，重要な決定の初期の段階からも行われている．この展開は批判されているが，その理由は，監査役会と取締役会の連帯がより大きくなり，両者が同一化してしまいかねないということである[5]．実際に，監査役会が AktG によって自己に割り当てられた監視機能を，このような同一化した状況で行使できるのか，問題である．

　取締役会の**監視（Überwachung）**は，企業家としての活動の全領域に及ぶ．それは，ずさんな経営を阻止しようとするものである．しかしながら，監視されなければならないのは，個別の措置すべてではな

---

[3]　Kübler/Assmann, §15 IV 1.
[4]　BGHZ 114, 127.
[5]　Eisenhardt, 13. Aufl. Rdnr. 556a.

B 監査役会

く,会社の発展にとって重大な影響をもつ措置だけである.監査役会の監視義務の具体化は,§90 AktG を手がかりに行われる.この条文は,取締役会の監査役会に対する情報提供義務を規律し,これによって,監視を可能にしようとする.この規定により取締役会が報告しなければならないのは,目論んでいる事業政策および,他の事業計画の基本的問題,会社の収益性,とりわけ自己資本の収益性,事業の進行具合,とりわけ売上高,会社の現状,および,会社の収益性または流動性にとって重要な意味をもつ可能性のある事業についてである.補充的に,§111 Abs.2 AktG は,監査役会に,会社の帳簿,文書および財産客体を検査する権能を与えている.さらに,監査役会は,§171 AktG によって,年度決算書,営業報告書および貸借対照表上の利益の処分案を検査しなければならない.この場合に監査役会は,決算検査人(Abschlussprüfer)から専門家としての援助を受け,決算検査人は年度決算書と営業報告書を自ら検査し,これについての監査役会の議事に参加し,報告を行う(§171 Abs.1 S.2 AktG).以前は,決算検査人はなお取締役会によって委託されていた.1998年以降は,監査役会が決算検査人を決定し,委託しなければならない(§111 Abs.2 AktG).この規律は,決算検査人の取締役会からの独立性を強化し,監査役会のコントロール活動のための補助的機能をもつことを強調しようとするものである.

取締役会の監視は,監査役会が事業執行の誤った展開に反応できなければ,効果がないであろう.すでに言及したように,取締役会は監査役会に従属している,取締役会は監査役会によって任命され,場合によっては解任されるからである(§84 AktG).しかし,監査役会は,一定の場合に,事業執行に直接介入できる.本来このことは,§111 Abs.4 S.1 AktG が示しているような,取締役会と監査役会との間の権限の線引きに矛盾する.この規定は,事業執行の措置は監査役会に

第 4 章　株式会社の組織構成

委ねることができない，と述べている．しかしながら，一定の措置が，監査役会のために設定された**同意留保権（Zustimmungsvorbehalt）**に服すとすることは可能である．しかし，このような拒否権の対象は，基本的な意味をもつ事業に限られ，そしてこういった事業は企業との関係で具体化されなければならない．同意留保権は，定款または監査役会自身によって設定することができる（§111 Abs.4 S.2 AktG）．それどころか監査役会が，同意留保を命じなければならない場合もあり，それは，取締役会が法律違反の事業執行措置を行う可能性があり，この措置を妨げるためには同意留保命令をするしかない，という場合である．同意留保に打ち勝つことができるのは，株主総会の3/4の賛成がある場合だけである（§111 Abs.4 S.3-5 AktG）．

　株式会社における力のバランスを突き詰めて考えれば，コントロール機関も一定の**制約**に服さなければならない．取締役会が監査役会に従属しているのに対して，監査役会は株主総会の同意を必要とする．株主総会は，監査役会における持分所有者の代表者を選任し，また，この代表者を4分の3の特別多数決で解任することができる．監査役会メンバーの在任期間は，§102 AktG によって最大5年に及ぶことが可能であり，再任も可能である．監査役会のコントロールの任務を確実なものとするために，そのメンバーは，§105 AktG によって，同時に同じ企業の取締役会に入ることはできない．さらに，§100 Abs.2 AktG は，別々の企業の取締役会と監査役会が交差して結合する〔A 資本会社の監査役会メンバーが別の B 会社の取締役会メンバーになり，逆に B 会社の監査役会メンバーが A 会社の取締役会メンバーになる〕ことを禁止し，一個人が携わることができる監査役会議席の最高限度を定めている．この最高限度は10議席で，コンツェルン内部の会社の監査役会議席の場合は5議席までカウントせず，監査役会議長になった場合には2倍にカウントする．加えて，共同決定法

B　監査役会

が監査役会の人員配置に重大な影響を与える．企業が共同決定法の適用を受ける場合には，監査役会には，持分所有者の代表者と並んで，最大半分までの被用者の代表が所属する．この被用者代表の任命は，共同決定の諸法律に従って行われる．しかし，これらの法律には，疑わしい場合には持分所有者の代表の票が被用者代表の票よりも重くなるように確保する，一連の規律も見出される．これらの規律が必要なのは，共同決定が所有権の自由の観点から合憲であることを保障するためである．なぜなら，連邦憲法裁判所（BverfG; Bundesverfassungsgericht）の一判決によれば，被用者による共同決定の結果，「企業に投資された資本について，すべての持分所有者の意思に反して決定を行うことができる」，ということになってはならないからである[6]．

「**監査役会の内部秩序**」に関しては，§107 Abs.1 AktG によってメンバーの一人が議長に，もう一人が副議長に選任される．さらに監査役会は，「その仲間内から」委員会を作ることもできる．人事委員会，財務委員会，投資委員会といったものが通例である．委員会についてのこれらの準則（§107 Abs.3 AktG）は，法律が規律していない監査役会議長団にも適用される．この議長団は，実際にはしばしば作られ，議長と特に近い接触を保ち，監査役会の仕事を調整し，準備することを目的とする．監査役会の決定は，§108 Abs.1 AktG により，決議によって行われる．メンバーの反対がなければ，§108 Abs.4 AktG により，書面，電話その他類似の形式で決議を行うことも可能である．強調しなければならないのは，故障のある監査役会メンバーは代理を立てることができない，ということである（§§101 Abs.3, 111 Abs.5 AktG）．この規定は，自分自身で自己の責任において職務を執行しなければならないという命令の表現であり，その前提として，監査役会

---

(6)　BverfGE 50, 290, 323f. 350.

メンバーは一定の最低限の知識をもって，降りかかってくる仕事の成り行きを他人の助けなしに理解し，適切に判断できるということがある．こうすることによって，情報の内密性を守り，監査役会が自己の責任においてなすべき決定が，§111 Abs.5 AktG に反して，過剰に外に移される危険を防止することにもなるのである[7]．

最後に監査役会も，一定の**責任準則**にさらされている．会社に対する義務の範囲と責任については，§116 S.1 AktG が取締役会についての規律（§93 AktG）を参照指示している．その他に，§116 S.2 AktG によって，監査役会の内密の情報についての守秘義務が強調されている．しかし，取締役会に関する責任準則を参照指示することによって，これらの規律を図式的に受け継ぐということになってはならない．注意しなければならないのは，監査役会には，そのコントロール機能を考慮すれば，事業執行の職務を負う取締役会とは異なる義務が課される可能性があるということである．そうはいっても，監査役会がそのコントロール機能を果たすのは，主として提出された報告書に基づいてである．その他に顧慮しなければならないこととして，監査役会メンバーはしばしば副業で活動しており，その結果，利益衝突が生ずる可能性がある．もちろん，こんなことは，監査役会メンバーを免責することにはならない．当該企業の利益に原則として優先権が与えられなければならない（ドイツ・コーポレート・ガバナンス・コード 5.5.1 参照）．

●C● 株主総会

株主総会（Hauptversammlung）において，株主は，会社に関する

---

[7] BGHZ 85, 293, 296 から出てくる原則．

C　株主総会

案件について自己の権利を行使する．会社の資本の出所は株主なので，株主総会が株式会社の最上位の機関だと考えるかもしれない．実際こう書くことは，かつての「株主全体総会（Generalversammlung）」にはまだ当てはまった．けれども，根本的な変更が1937年株式法によって行われた．この変更の時点では他の理由が決定的に重要だったとしても，この変更の主たる現在的意味は，株主総会が権力分立と権力の噛み合わせのシステムに完全に服さねばならないということである．これは大まかには，取締役会が経常的業務に，株主総会が**基本的事項の決定（Grundlagenentscheidung）**について権限をもつ，というように描くことができる．取締役会が §76 Abs.1 AktG によって会社を自己の責任において経営しなければならないのであるから，株主総会は原則として業務執行に介入することはできない．株主総会が業務執行に関与するのは，取締役会がこれを求めるときだけである（§119 Abs.2 AktG）．とはいえ，取締役会は，§83 Abs.2 AktG によって，株主総会がその権限の枠内で決議した措置を実行する義務を負う．

　株主総会の権能を具体的に描こうとするならば，それは次の3つのグループにまとめられる．すなわち，株主総会は，定期的に繰り返される措置について，構造に関わる措置について，そして，一定の特別な場合に，決定を行う．**繰り返される措置（wiederkehrende Maßnahme）**とは，§119 AktG によれば，監査役会における株主代表の任命，貸借対照表上の利益処分，取締役会および監査役会の免責，および，決算検査人の任命である．**構造に関わる措置（Strukturmaßnahme）**に数えられるのは，定款の変更，資本調達および減資の措置，株式会社の組織変更，合併または解散である（§119 Abs.1 Nr.5,6 u.8 AktG, §§65, 73 UmwG〔組織変更法（Umwandlungsgesetz）〕）．**特別な場合（Sonderfall）**とは，たとえば，§§142ff. AktG（§119 Abs.1 Nr.7AktG）による特別検査についての決定，賠償請求権に関する放棄お

よび和解についての決定（§§50, 93 IV, 116 AktG），および，監査役会メンバーの解任である（§103 Abs.1 AktG）．

取締役会と株主総会との間の権限分配は，強行法的である．この権限分配の理由として頻繁に挙げられるのが，株主が業務執行の具体的案件について専門的知識を欠くということである．この論拠は，もちろん，機関投資家についてはそれ程当てはまらない．さらに，経営の決定と投資の決定との境界は，往々にして，きれいに画定できるものではない．このことを背景において，**株主総会の不文の権限（ungeschriebene Kompetenzen der Hauptversammlung）**をめぐる論争を見なければならない．これは，取締役会は，措置を行う際に，法律が規定していないとしても株主総会の決定を仰ぐ義務を負うのかどうか，という問題である．BGHは，ある事件でこれを肯定したが，その事件では会社財産の最も価値ある部分を構成する事業所の分離が問題になった（Holzmüller原則）[8]．これについての決定は，「株主の構成員権と持分所有権に体現された株主の財産的利益に深く」介入するものであり，「したがって，取締役会がもっぱら自己の責任において決定してよいと，合理的に見て想定できない」ものである，と述べた．この判決の結果からは，この原則の適用領域が精確にどこまで及ぶのかは，いまだ不明確であった．その後の一判決で，この裁判所は以下のことを明らかにした．すなわち，このような不文の株主総会の共同権能は例外的な権限でしかありえず，たしかに，分離の場合以外の他の構造組み換えの場合にもありうるが，しかし，当該決定がHolzmüller事件と同様の経済的射程をもつものでなければならない，と[9]．

---

[8] BGHZ 83, 122 „Holzmüller". 〔Holzmüller事件については，下記72頁参照．〕

[9] BGHZ 159, 30 „Gelatine I"．

C 株主総会

　株主総会の決定は**決議**によって行われ，その場合 §119 AktG によって原則として単純多数票で十分である．けれども，基本的事項の決議，たとえば増資は，特別多数を必要とする．投票権は，株式額面額に応じて，無額面株ではその数に応じて行使される（§134 AktG）．投票の代理は可能であり，まったく普通に行われている．しかし，定款が緩和していない限り，代理権授与は書面によって行われなければならない（§134 Abs.3 AktG）．投票権の第三者による行使は，その他に §129 Abs.3 AktG による資格譲渡（Legitimationsübertragung）によっても可能である．この場合，第三者は，他人の投票権を自己の名前で行使する権限が与えられている．このとき，株主の名前は出てこない．従前の法とは違って，今日では，会社が投票権代理人を任命することもできる（§134 Abs.3 S.3 AktG のいわゆる，**委任投票権（Proxy-Stimmrecht）**）．特別な規律が適用になるのは，銀行および他の金融サービス業者，さらには，株主集団（Aktionärvereinigung）および職業的代理人である（§135 AktG）．**受託投票権（Depotstimmrecht）**によってこれらの機関は，自らの所有ではない株式に関して投票権を行使する．これによって，株主，とりわけ小規模投資家の利益をもっとよく顧慮することができるといわれている．しかし，銀行と企業の間のさまざまな利益の絡み合いを考えると，この取って付けたような説明は，疑念がないとはいえない[10]．したがって，法律の規律は，株主が自己の投票権の行使について広範な情報を与えられることを，確保しようとしている．保護のメカニズムの中には，株主には投票の際の選択肢が指示されていること，および，代理権は別綴りの証書によって与えられなければならない，といったこともある．

---

(10) K. Schmidt, 4. Aufl. §28 IV 4.d). 独占委員会 (Monopolkommission) の批判，Hauptgutachten II, 1978, Rdnrn. 603ff. 参照．

第4章 株式会社の組織構成

「討論モデル（Diskursmodell）」の株主総会は，そのメンバーの出席を必要とする[11]．株式法がさまざまな領域で新しいメディアの発展に適合させられたとしても，ヴァーチャル株主総会は現行法では許されない．それにもかかわらず，大きな大衆会社では，本来の株主の出席はわずかである．すなわち，株主総会は株主代理人と株主活動家によって支配されている．通常株主総会は，毎年，営業年度が始まって8ヶ月以内に開催され（§§120 Abs.1 S.1, 175 Abs.1 S.2 AktG），取締役会によって招集される（§121 Abs.2 AktG）．特別株主総会は，§111 Abs.3 AktG によって，会社の利益が要求する場合に監査役会によって招集されが，しかし，§122 AktG の要件が満たされる場合には，株主によって裁判により強制することも可能である．株主総会への参加は，株主の場合は権限があるということであるが，これに対して監査役会と取締役会の場合は，§118 Abs.2 AktG によって，参加が求められている（sollen）．株主総会が正常に経過することについては，議長が責任を負う．たいていの場合定款の定めは，株主総会議長は監査役会議長であるとなっている．比例関係を考慮して，議長は参加者から発言権を奪うこともでき，さらには参加者を締め出すこともできる〔かつては，株主総会は短時間で終了していた．しかし，最近は環境問題や人権問題（たとえば，アフリカで事業展開する会社など）についての株主活動家が発言して，長時間（たとえば，朝から晩まで）に及ぶことが多くなった．こうした事態を踏まえての議長の議事進行のあり方を描いている〕．§130 AktG によって，株主総会については公証人による議事録が作成され，それはすべての決議および少数株主の要求を認証しなければならない．

---

[11] Kübler/Assmann, §15 V 2.

●D● 株　主

　株主は，会社の機関ではない．株主が会社に機関として関与するのは，株主総会を媒介としてである．それにもかかわらず，株主は「株式会社」という団体の構成員として，株式会社の組織構成においては中心的役割を果たす．

　株主は，株式会社の**構成員資格（Mitgliedschaft）**を原始取得または承継取得することができる．構成員資格を原始取得するのは，§§2, 29 AktG によって会社設立の際に，または，§185 AktG によって増資の際に，株式を引受ける場合である．承継取得できるのは，法律行為による取得によって，または，包括承継によって取得する場合である．法律行為による取得は，無記名証券であれば，物権法の規律に従って行われる．したがって取得は，§929 BGB により物権的合意と引渡しによって実行される．記名株式の場合には，取得は指図証券の法に従って行われる．譲渡に必要なのは，それゆえ，§68 AktG よる裏書である．その他に，たとえば人的会社の場合とは違って，株主が会社に自由に加入する手段はない．しかし，株式は，原則として無制限に**再譲渡**が可能である．しかし，必然的制限は，株式会社の組織構成および財務構成から生ずる．すなわち，一方で株主総会と取締役会の権限の線引きを曖昧にしないために，他方で出資の返還を妨げるために，株式会社は自己株式の購入を，一定の場合にしか許されない（§71 Abs.1 AktG）．いずれにせよ，株式会社には自己株式からなんらの権利も認められない（§71b AktG）．もう一つ別の譲渡制限は，いわゆる株式譲渡制限（Vinkulierung）である．この譲渡制限によって，記名株式の譲渡可能性は，定款により，会社の同意に従わせることができる（§68 Abs.2 AktG）．このようにして，たとえば家族会社を外部の投資家から守ろうとしている．**株主資格が終了する**のは，株主の死亡，

株式の譲渡，減資の際の株式の回収，株式会社の解散の場合，あるいは，株主の締め出し（Ausschluss）である．最後のものは，たとえば，株主がその資本出資の給付義務を果たさない場合に，いわゆる失権手続の枠内で行うことができ，あるいは，少数株主の場合に，§§ 327a ff. AktG の基準に従った「搾り出し（squeeze out）」によって行うことができる．

　株主の株式会社の構成員資格は，さまざまな**義務**をともなう．株主の主たる義務は，引受けた資本出資の給付であり，その額は株式の発行価額に限定される（§54 AktG）．この出資は，§27 AktG によって，金銭出資でも現物出資でも行うことができる．株主には追加払い義務が及ばないので，株主の危険は出資額に限定される．これに加えて，今日では，会社および同僚社員に対する株主の誠実義務（Treuepflicht）が認められる[12]．この義務が一般的に承認される前は，前提とされていたのは，株主は出資給付義務の他には §242 BGB の信義誠実の一般原則にのみ服する，ということだった．しかし，誠実義務を承認した後も，誠実義務は具体的な場合にどこまで及ぶのかというのは，依然として問題である．区別されなければならないのは，小規模閉鎖会社と大規模大衆会社との間，さらには，多数株主と少数株主との間である．Zöllner に由来する公式として，影響力の程度は責任の程度に対応しなければならない[13]，がある．一般的誠実義務の法律による具体化として，今日では，§243 Abs.2 AktG が認められている．すなわち，この規定は，ある株主が会社に損害を与えて特別利益を取得しようとする場合について，株主総会決議取消権を与えるものである．

---

(12)　たとえば，BGHZ 103, 184; 129, 136; 142, 167.
(13)　Zöllner in: Kölner Kommentar zum AktG, 1. Aufl. Einl. Rdnr. 169.

D 株　主

　株主の義務に対して，さまざまな権利もある．**共同管理権**と**財産権**を区別することができる．株主の共同管理権（Mitverwaltungsrecht）に属するのは，投票権，§131 AktG による情報請求権，および，§§243ff. AktG による取消権である．株主の財産権（Vermögensrecht）は，§58 Abs.4 AktG による配当権，および，§271 AktG による清算金分配受給権である．配当請求権の額は，反対に，§150 AktG による株式会社の準備金積立義務と利益処分に関する準則との影響を受ける．財産権のこの2つのエレメントへの厳格な制限は，株式会社と株主との間の財産移動を制限するという，株式会社法の一般原則に対応するものである．株主は，会社清算前は貸借対照表上の利益の持分しか取得しないということも，出資金の返還の禁止とまったく同様に，この原則に関連する．

　その他の株主権としてまず言及しなければならないのは，平等取扱い原則である．すなわち，「株主は，同じ前提条件の下では，平等に扱われなければならない」（§53a AktG）．すでに非常に早くから発展していたこの会社法の原則は，この間に，明確化するための規律として，法律の中に入ってきた．しかしながら，この原則は，図式的な意味で理解されてはならず，逆にこの原則は実質的な不平等を，それが恣意的に見えない限り，許している[14]．その他に，2005年に，**コミュニケーション権（Kommunikationsrecht）**と名付けることができる，株主と株主集団のための権能が導入された（§127a AktG）．これは，株主の投票行動を組織し，一定の価値のハードルを越えなければならない少数株主権の実行を容易にすることを目的とする．この規律によって，株主は電子版連邦広報の株主フォーラムにおいて他の株主に呼びかけて，共同で，または，代理によってある提案や要求を行い，ま

---

[14]　BGHZ 33, 175.

たは，株主総会で投票権を行使することが可能になった．これは，たとえば，§122 AktG による株主総会の招集要求，あるいは，§142 AktG による特別検査人の任命要求に関係する．

この他に，少数株主に関して特別の規律が適用になる．少数株主保護（Minderheitenschutz）は，しかしながら，一般的準則と理解されてはならない．逆にこれに関連してさまざまな具体的規律があり，これらが全体として，「団体の意思形成に制度的に影響力を行使できない」会社の部分を支援することを目指している[15]．これがもっとも明確になるのは，法技術的な意味での少数株主権である[16]．これらの少数株主権は，それぞれ，一定の株主割合を定め，一定の措置を実行するためには，これを満たさなければならないとしている．たとえば，1/20 が必要とされるのは，株主総会の招集（§122 Abs.1 AktG），あるいは，一定の問題の議案化（§122 Abs.2 AktG）であり，1/10 が必要とされるのは，取締役会および監査役会メンバーの免責についての分離投票の達成である．

---

[15] Wiedemann, Bd.I, §8 I 3.
[16] K. Schmidt, 3.Aufl. 1997, §16 IIIc).

● 第5章チャート：株式会社の財務構成 ●

I. 金融の基礎

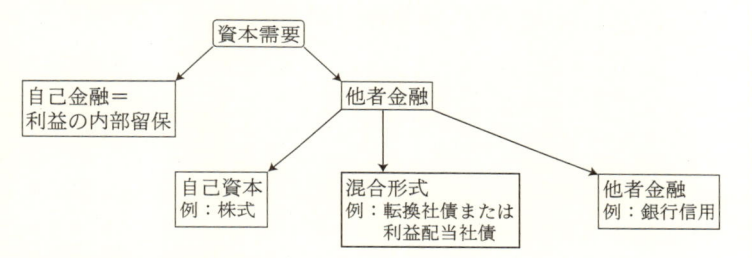

```
              資本需要
             /      \
      自己金融＝      他者金融
      利益の内部留保   /    |    \
                自己資本  混合形式      他者金融
                例：株式  例：転換社債または 例：銀行信用
                        利益配当社債
```

II. 資本充実と資本維持
- 目標：投資家，少数株主，および，債権者の保護
- 原則：資本充実と資本維持
- 増資および減資は定款変更を必要とする（株主総会の関与）

III. 増資と減資
- 増資
  ○ 通常の増資と特別形態の増資
- 減資
  ○ 通常の減資と簡易の減資

IV. 計算および利益処分
- 計算の目標は透明性である
- 利益処分については株主総会が決定する
  →「株式会社の財布はガラスばりだが，しかし鍵がかかっている」

V. 株式会社の課税
▶ 法人としての課税
  ○ 法人税（2009年から15％）
  ○ ゲマインデ（市町村）の営業税
▶ 配当課税：償還金税（25％）
  →配当利益の二重税負担

第5章

株式会社の財務構成

◇文献◇Aktienrecht im Wandel (Hrsg. Walter Bayer und Mathias Habersack), Band II, Grundsatzfragen des Aktienrechts, Tübingen 2007, 9.-10. Kapitel; Schmidt, Karsten, Gesellschaftsrecht, 4.Aufl., 2002, §29; Kübler, Friedlich/ Assmann, Heinz-Dieter, Gesellschaftsrecht, 6.Aufl., Heidelberg 2006, S.238ff.; Grunewald, Barbara, Gesellschaftsrecht, 7.Aufl., Tübingen 2008, S.304ff.; Wiedemann/Frey, Gesellschaftsrecht, 7.Aufl., München 2007, S.396ff.

●A● 金融の基礎

　株式会社は，さまざまな仕方で金融を行うことができる．**自己金融 (Selbstfinazierung)**（または，内部金融（Innenfinanzierung））と**他者金融（Fremdfinazierung）**（または，外部金融（Außenfinanzierung））とを区別する．自己金融は，利益の内部留保によって行うことができる．この形態の金融は株式会社では問題である，なぜなら，自己金融を徹底して行えば，株式会社から株主と資本市場によるコントロールを奪ってしまうからである．ある一定の企業政策を採った報償は，結局のところ，利回りを獲得してそれを再投資してもらう，ということであるべきなのである．したがって，優先すべき金融形態は，他者または外部金融である．他者金融は，自己資本（Eigenkapital）または他者資本（Fremdkapital）を受入れることによって行うことができる．

　自己資本と他者資本を厳密に区別することは難しい．数多くの混合形態が存在する．特に，「資金提供者」によって区別することはでき

A 金融の基礎

ない.しかし,基準点として自己資本と他者資本の理念型を挙げることができる.それは,自己資本金融としては普通株(Stammaktie)であり,他者資本金融としては固定金利つきの銀行信用である.これらの例に即して,両金融形態の重要な違いを示すことができる.すなわち,信用供与者の投資は,契約で約定された利息請求権が報酬となる.利息請求権は,会社の成功に依存しない.株主の投資は,配当が報酬となる.配当は,企業の成功に依存する.したがって,「固定金額請求権(Festbetragsanspruch)」と「剰余金額請求権(Restbetragsanspruch)」とを区別することができる.もっとも,株主には構成員資格に基づいて一定の情報請求権および関与権が認められ,これを用いて株主は事業政策と企業の成功に対する影響力をもつことができる.これに対して,信用供与者は契約で確保された請求権に限定される.自己資本供与者が会社の成功により強く拘束されるということは,払戻し請求権が生じた場合にも示される.すなわち,自己資本供与者に対する資本払戻しは,他者資本供与者の債権が満足を受けた後で初めて可能になる(たとえば,§§225, 271, 272 AktG 参照).しかし,まさにこの違いが,自己資本に関する法律の規律を回避する誘惑の原因ともなる.しばしば試みられていることとして,社員の資本を会社への貸与という形式で他者資本として会社に供給することがある.しかし,BGH はこれを断固として阻止した.このような貸与の債権者が会社に企業家として関与している場合——その前提要件は,通常,25%超の株式保有である——には,この貸与は責任を負担する資本として扱わなければならない.その意味は,「真正の」他者資本供与者に対して劣後債権として顧慮するということである[1].

さまざまな金融措置は,その他に,会社機関の管轄権によっても区

---

(1) BGHZ 90, 381.

第5章　株式会社の財務構成

別することができる．ここでは，組織構成上の管轄権の線引きが反映される．自己資本供給の措置は定款の変更を必要とする．これについて管轄権を有するのは，株主総会である．他者資本金融の措置は，通常事業執行によって実行される．たとえば，起債は取締役会の事項である．しかし，問題は混合形態である．株式会社にとって特に重要なのは，転換社債（Wandelschuldverschreibung）と利益配当社債（Gewinnschuldverschreibung）である．純粋な社債は，資金供与者の返済請求権と利息請求権を証券化したものである．このことは，起債の場合と同様の管轄だということは容易に理解できる．しかしながら，ここで挙げた社債は，会社に対する影響力の「プラス・アルファ」を与える．**転換社債**の場合には，投資家は期間経過後に投資した資本の替わりに，企業の一定数の株式の譲渡を選択することもできる（convertible bonds）．これに対して，**利益配当社債**の場合には，利息の額を企業の成功，たとえば配当に連結させる〔たとえば，4%と約定した利率が，配当が一定以上になれば，7%になる等〕．この形態の他者資本金融は，少なからず株式会社の財務構成に影響する．この有価証券保持者の法的地位は，株主の法的地位に接近する．たしかにこの有価証券だけではまだ構成員資格を認めることにはならないが，しかし株式引受権が行使されれば，基礎資本金の増加に対応してその他の株主の持分比率は小さくなる．したがって，会社の株主は，この種の有価証券の引受権も取得する（§221 Abs.4 AktG）．しかしながら，会社の財務構成にとって最も重要な帰結は，株主総会がこのような社債の発行に同意しなければならない，ということである（§221 AktG）．

●B● 資本充実と資本維持

　金融措置に関する管轄権限分配だけからでも明らかになるのは，会

B 資本充実と資本維持

社の自己資本に影響を与える措置がいかに厳格に規律されているか,ということである.自己資本保護の基礎にあるのは,次の2つの原則である.すなわち,**資本充実(Kapitalaufbringung)** の原則と**資本維持(Kapitalerhaltung)** の原則である.これら両原則は,一方では投資家および少数株主の保護の理念に従い,他方では債権者保護の理念に従う.この場合,投資家の会社資本に対する利害関係は配当についてあり,債権者の利害関係は会社の責任についてあり,そして,会社の責任は,§1 Abs.1 S.2 AktG によって,会社財産に限定されている.

資本充実の原則によって確保しようとしているのは,定款で定められた会社の基礎資本が完全に払込まれた,ということである.この原則を実現するために,法律にはさまざまな規律がある.これらの規律の1つが §9 AktG であり,それはいわゆる**額面価額未満の発行(Unter-Pari-Emission)** を禁止する.その意味は,株式はその額面価額未満で,または,各無額面株に分割される基礎資本金の持分額未満で発行されてはならないということである.関連する別の規律は,§66 Abs.1 AktG である.それが規定するのは,株主はその出資義務を免除されることはありえず,また,会社に対する反対債権で相殺することもできない,ということである.資本充実の原則に従っているものには,すでに論じた隠蔽された現物出資の禁止もある.現物出資の給付に関する厳格な手続によって法律が確保しようとしているのは,確定できる価値を有する現物だけが給付されるということである.これらの準則の回避〔脱法〕は,実質的資本充実を危険にする.

資本維持の原則が配慮するのは,会社からの資本流出が法律で規定された場合にだけ生ずる,ということである.基本となる規律は,§57 AktG であり,この規定は出資の返還を禁止し,会社解散前に株主に支払いがなされてよいのは貸借対照表上の利益だけだと定めてい

る．この規律の意味と目的によれば，この資本流出には，隠された利益配当（verdeckte Gewinnausschüttung）も入る．このようなものと見なければならないのは，たとえば，株主への貸与，他より高価な賃金および売買代金の支払，あるいは，優遇的ライセンス供与である．同様に出資の返還に当たるのは，第三者に対する給付であって，法律の規律の回避を結果するものである．当該財産移転は，§62 AktG によって返済されなければならない．同様に資本維持を目的とするのは，会社による自己株式購入の原則的禁止である．§71 AktG によって，これは一定の状況がある場合にだけ許される．その理由は，株式の代価として本来の取得価格を株主に支払うことは，貸借対照表上の利益に基づいて行われるのではない，したがって，禁止された出資の返還に当たる，ということである．

● C ● 増資と減資

自己資本金融の措置として，会社はその基礎資本金を増加させ，それに応じて株式を発行することができる．この目的のためには定款の変更が必要である，なぜなら，基礎資本金の額は定款に記載されているからである．この措置は，株主総会の決議を必要とする（§§182ff., 179ff. AktG）．基礎資本金の増加についての決議は，商業登記簿への登記申請がなされなければならない（§184 AktG）．この登記を受けて次に，§185 AktG の要件に従って，新株が引受けられる．その場合，従来の株主の引受権に注意が払われなければならない（§186 AktG）．増資の場合，たいていはまず銀行が新たに発行される株式を引受ける．株式の引受申込をしたなら，株主はその出資義務を履行しなければならない．もちろん，全額である必要はなく，法律で定められた最低額でよい（§§188 Abs.2, 36a AktG）．出資が入ってきたことを会社が証

C 増資と減資

明して初めて,増資それ自体の登記が申請され(§188 AktG),これによって増資の効力が生ずる(§189 AktG).最後に株式が発行される(§191 AktG).

通常の増資と並んで,さまざまな特別形態がある.増資の必要性を条件とする資本調達手段が,**条件付増資**(bedingte Kapitalerhöhung)である.この場合には,増資の具体的額は,一定の条件成就に依存する(§192 AktG 参照).いかなる目的のためにこれが許されるかを,法律は限定列挙している(§192 Abs.2 AktG).この規律は強行法的であるが,その理由は,それが従来の株主のための引受権を規定しておらず,あくまでも例外的な場合とすべきだ,ということである.条件付増資が許されるのは,転換社債の債権者に応対する場合である(§192 Abs.2 Nr.1 AktG).この場合に条件付増資が必要となるのは,当該債権の会社に対する実行〔株式への転換〕を保障するためである.同じ方向を向いているのが,被用者および事業執行メンバーのための引受権を利用するための条件付増資である(いわゆる,ストック・オプション,§192 Abs.2 Nr.3 AktG).その他に,企業統合のために株式が必要となる場合に,その準備のために条件付増資が可能である(§192 Abs.2 Nr.2 AktG).

もう一つの特別の形態は,**授権資本(genehmigte Kapital)**である.この場合には,定款が一定の期限を定めて取締役会に授権し,基礎資本金を一定の額面額まで出資に対する新株の発行によって増資することを可能にする(§202 AktG).したがって,この措置の実行は取締役会の裁量に任されている.法律は,これによって生ずる株主総会から取締役会への権力移転を制限しようとして,期限を5年に区切り(§202 Abs.1 AktG),授権資本を基礎資本金の半分に限定している(§202 Abs.3 AktG).最後に,**会社財産を用いた増資(Kapitalerhöhung aus Gesellschaftsmitteln)**も可能である(§§207ff. AktG).この場合,

第5章 株式会社の財務構成

準備金が基礎資本金に転換される．したがって，実質的な資本流入はなく，ただ責任資本が増加されるだけである．これによって，会社の市場での地位を強化することができる．この場合に新たに発行される株式は，従来の基礎資本金に対する持分に比例して，株主に与えられる（§212 S.1 AktG）．

増資の反対は，**減資**である．これが必要となる場合としては，これまで基礎資本金として拘束を受けていた財産を株主に分配しようという場合がある．その他に減資によって，株主にすでに存在する出資義務を免除したり，あるいは，準備金を積み立てたりすることができる．債権者の保護の要請から，減資の場合に一定の要件が満たされなければならない．通常の減資は，4分の3の特別多数決による株主総会決議を要件としている（§222 Abs.1 AktG）．この決議はまた，基礎資本金の一部が払い戻されるべきかどうかについても確定する（§222 Abs.3 AktG）．しかし，払戻しは，決議後6ヶ月が経過するまで，さらに，この時に届出のあった債権者に担保が提供されるまでは，行ってはならない（§225 AktG）．

さらに法律は，簡易の減資（vereinfachte Kapitalherabsetzung）を可能にしている（§§229ff. AktG）．これが許されるのは，価値の減少を埋め合わせ，その他の損失を補填し，あるいは，金額を資本準備金に組み入れる目的のためである．したがって，実務上減資が行われるのは，とりわけ財務の健全化目的のためである．基礎資本金の数値を現実の状況に合わせることによって，利益の獲得が再びより容易になり，この結果会社は投資家にとってより魅力あるものになる．通常の減資であれば許される目的設定の範囲が狭く，債権者保護の規律もあるが，簡易の減資はこれらを免除する．しかしながら，簡易の減資は，これに対して独自の債権者保護の規律を対置し（§§230, 232, 233 AktG），そして，準備金の取り崩しや繰越利益金の使用ではもはや役に立たな

いという場合にだけ，許される（§229 AktG）．

● D ● 計算および利益処分

　株式会社には，HGB〔商法典〕の貸借対照表に関する一般法が適用になる．したがって，しばしば株式会社法が計算（Rechnungslegung）に関する規定の発展方向を指示するものであったとしても，原則として他のすべての会社と同じ法が株式会社にも適用になる．それにもかかわらず，計算の法においても，株式法全体を貫く多くの原則がまたもや見出される．第一に，会社財産の透明性を確保しようとしている．これはとりわけ債権者保護にとって重要であるが，しかし，株主保護にとっても重要である．その限りでは，資本充実と資本維持の原則は，計算の規定によって補足されている．これらのエレメントを結び合わせると，「株式会社の財布はガラスばりだが，しかし鍵がかかっている（gläserne, aber verschlossene Taschen der Aktiengesellschaft）」という公式に至る．

　HGB の準則を基準とするのは，株式会社が商人としての性質をもつからである（§3 Abs.1 AktG）．補充的に，§§150ff. AktG が適用される．これらの規定に従って作成されなければならない**年度決算書（Jahresabschluss）**は，年度貸借対照表，損益計算書および付属明細書から成り，これに営業報告書が加わる（§§242, 264 HGB）．年度決算書において行わなければならない記述は，すべての株式会社で同じではない．HGB は，小規模・中規模株式会社のために緩和措置を規定している．この場合株式会社の規模を測る尺度は，その貸借対照表の額，売上高，および被用者の数である（§267 Abs.1, Abs.2 HGB）．しかしながら，上場株式会社は，これらの規模の指標とは関係なく，常に大規模とみなされる（§267 Abs.3 S.2 HGB）．さらに注意しなけ

第5章 株式会社の財務構成

ればならないこととして,資本市場を向いている一定の企業は,この間に国際会計基準（IFRS/IAS）に従って貸借対照表を作成しなければならなくなった（§315a HGB).

貸借対照表（Bilanz） の構成区分は,§266 HGB によってあらかじめ与えられている.貸借対照表は,勘定式（Kontoform）（左右対称式）〔損益計算書が積上げ式（Staffelform）——たとえば,売上高,売上原価,売上総利益,販売費・一般管理費,営業利益など——で損益のプロセスを示すのに対して,勘定式は会社財産の現状を示す〕で作成されなければならず,借方（Akitivseite）と貸方（Passivseite）が対置される.借方は,固定資産と流動資産を示す.固定資産には,たとえば,不動産と投資が入り,流動資産には在庫や債権が入る.貸方の内容は,自己資本,引当金および債務である.両項目には,しかるべき勘定科目が記載されなければならない.基礎資本金の額面額（§283 HGB）が貸借対照表の貸方に計上されなければならないので,計算規定は,「配当の遮断機（Ausschüttungssperre）」の働きをする.なぜなら,配当金を支払うためには会社は利益を上げなければならない,すなわち,借方から債務を控除して計算される純資産が基礎資本金を上回っていなければならないからである.

貸借対照表は,企業の成果を差額として概括的に示す.**損益計算書（Gewinn- und Verlustrechnung）** は,これに対して,企業の成功または失敗をより詳細に類別し,利益および損失の原因を示す.そのため,損益計算書では,事業年度の収益と事業年度の費用が対置される.事業年度の結果が示される.付属明細書（Anhang）（§§284 ff. HGB）は,貸借対照表と損益計算書の説明のためにある.大規模および中規模の株式会社は,さらに,**営業報告書（Lagebericht）** を作成しなければならない（§§289, 264 Abs.1 S.3, 267 HGB）.この報告者は,過去の事業経過を説明するだけでなく,より強く将来に関係して,期待される発

D 計算および利益処分

展について予測することも求められている.

年度決算書および営業報告書は,取締役会によって作成される.これは,事業年度終了後3ヶ月以内に行われなければならない(§264 Abs.1 HGB).その後,株主総会によって選任され,監査役会によって委託された**決算検査人(Abschlussprüfer)**が,年度決算書作成に際して法律およびそれに関係する補充的定款規定が遵守されたかどうかを,確認しなければならない(§317 Abs.1 S.1 HGB).その他に決算検査人が検査しなければならないのは,営業報告書が年度決算書と整合的であるかどうか,および,営業報告書が全体として企業の現状の適切な説明となっているかどうか,である(§317 Abs.2 HGB).決算検査人の報告によっていかなる異議も出されなければ,決算検査人はその活動記録,および,その検査結果を**確認書(Bestätigungsvermerk)**に書き留めなければならない(§322 HGB).

この間に,取締役会は,**利益処分(Gewinnverwendung)提案書**を作成し,これを年度決算書および営業報告書とともに提出しなければならない(§170 AktG).監査役会は,年度決算書と利益処分提案書を検査しなければならない(§171 Abs.1 AktG).しかし,この検査は説明がもっともらしいかどうか(Plausibilität)のコントロールに限定され,第2の決算書検査を求めていない.その後監査役会は,自己の検査について株主総会のために文書による報告を作成する(§171 Abs.2 AktG).年度決算書は,監査役会によって最終的に確認される(§172 S.1 AktG).しかし,取締役会と共同で,監査役会はこの職務を株主総会に委譲することもできる.これが許されるのは,監査役会が決算報告書を承認しない場合である(§173 AktG).

確認された年度決算書は,**利益処分の決定**のための基礎となる.この決定は,所有者の集会としての株主総会に留保されている.その際この決定は,貸借対照表で示された利益に金額的に拘束される.株主

は，利益処分の決定においてまったく自由だというわけではない．制限が生ずるのは，とりわけ，年度決算の5％を利益準備金——利益準備金は基礎資本金の10％以上でなければなければならない——に計上する義務からである（§150 Abs.1, Abs.2 AktG）．さらに制限が生ずる可能性があるのは，取締役会と監査役会が利益の半分に及ぶまで決算の一部を他の利益準備金に計上し，これによって株主総会の処分権を奪うことができることである（§58 Abs.2 S.1 AktG）．準備金に入ったものを控除して利益が残った場合に，株主総会はこの利益を株主の間で分配し，または，他の利益準備金に計上することができる（§58 Abs.3, Abs.4）．しかし，この決議は，§254 AktGによって取消すことができるが，その要件は，準備金や利益繰越しによって配当が4％未満になること，そして，この準備金や利益繰越しが「会社の生存能力および抵抗力」を確保するために必要ない，ということである．これは，場合によっては会社に投資した利回りを当てにしている少数株主を保護するためにある，つまり，多数株主が兵糧攻めによって少数株主の資本引上げを達しようとする策をとってきた場合に備えるのである．

最後に，年度決算書は，確認書を付して，電子版商業登記簿への登記と連邦公報での公告のために提出され，公示されなければならない（§325 HGB）．同じことは，営業報告書，監査役会の報告書，利益処分提案書，利益処分決議，および，§161 AktGによるコーポレート・ガバナンス・コードへの適合表明についても，当てはまる．小規模および中規模株式会社については，法律はまたもや緩和措置を規定している（§§326, 327 HGB）．

E 計算および利益処分

●E● 株式会社の課税

　株式会社法と同様に，株式会社の課税も，時代の変遷とともにさまざまな変化を受けてきた．振り返ってみれば，3つの発展段階が区別される．すなわち，19世紀前半の株式制度の初期においては，株式会社はまず営業税と土地税に服したが，しかし，自然人とは違って所得税の課税は受けずにすんだ．しかしながら，この法形式の経済的重要性が増してくると，19世紀終わり頃には，株式会社も人として所得税の義務を負うことになった．その後ヴァイマール共和国では，現在に至るまで現行法である自然人と法人の所得税が法律上区別され，独立の法人税法といったものが形成されるに到った．

　§1 Abs.1 S.1 KStG〔法人税法（Körperschaftsteuergesetz）〕によれば，株式会社は，その経営執行部と所在地が国内にある場合には，なんらの限定もなく**法人税義務を負担する**．法人税率は，これまで利益の25％にまで及んでいた（§23 Abs.1 KStG）．2008年の企業税改革によって，国際的な租税競争を考慮して，この税率は2009年1月1日までに15％に引き下げられた．いわゆる基準性の原則（Maßgeblichkeitsgrundsatz）に従って，課税の基準となる利益は，商法上の貸借対照表を基礎として計算される（§8 Abs.1 KStG iVm §5 Abs.1 EstG）〔法人税法第8条第1項，法人税法第5条第1項と併せ読む〕．法人税の他に，株式会社は**営業税（Geberbesteuer）**を納めなければならず，これはゲマインデ〔市町村〕が徴収する．

　株式会社の所得課税の重要な帰結は，配当利益が持分権者のもとでもう一度所得税の対象となる場合に生ずる，配当利益の二重課税である．すなわち，持分権者が配当を取得した場合には，所得税法（Einkommensteuergesetz; EstG）に従って，資本財産からの収入として配当について納税しなければならない（§2 Abs.1 Nr.5 mit §20 Abs.1 Nr.

1 EstG)〔mit も iVm と同様，併せ読む〕．この二重課税の排除または緩和は，企業税法の根本問題の一つである．この問題の解決は，法人課税の領域の比較的大きな改革構想すべてにおいて，重要な意味をもった．2001年以降，ドイツでは収入半減手続(Halbeinkünfteverfahren)が認められている．この手続は，古典的な法人税システムであり，会社レベルで確定的な法人税を課し，持分権者レベルでは税を軽減するものである（配当は，半分まで課税免除される）．2008年の企業税制改革の中でこの収入半減手続は廃止され，私人が配当を受取った場合には，2009年からは，すべての私人の資本収入の25%に償還金税(Abgeltungssteuer) が課され，事業所の場合には，収入一部減額手続（60%まで）が行われることになった．償還金税によって，2009年1月1日から，利子および配当と並んで，相場差益(Kursgewinn) も課税されることになった．

　法人課税の根本問題に一つに，**企業グループの税法上の取扱い**の問題もある．租税法が，この点について決定を迫られているのは，法的に厳密な意味で，コンツェルン子会社も独立の法人税に服するのか，それとも，コンツェルン全体で結果の清算を許すのか，の問題である．法人税の適用される場合に関しては，ドイツ法は昔から，法形式を跨いだ結果の清算ができるかどうかを，親・子会社間にある会社法上の関係によって決めており，したがって，過半数の持分権の他に，損失引受義務を伴う利益支払契約〔子会社が利益を残せば親会社に支払い，損失が出れば親会社が引受ける契約〕の存在を要件としている．現行の企業税法においては，課税の連結点は，企業あるいは経済上の統一体ではなく，企業の担い手，すなわち，各法主体である．しかし，この租税主体原則は，租税上の機関(steuerliche Organschaft)という法制度によって制限を受ける．税法上の機関の効果は，法的には自立的ではあるが，機関にすぎない会社の収入が，一定の要件の下に，機関

E 計算および利益処分

の持主のものとされる,ということである.機関として結合しているもろもろの企業は,したがって,経済的には一体のものとして課税され,とりわけ機関会社と機関の持主との利益と損失は清算することができる.これによって達成されているのは,コンツェルン結合企業が,一体としての企業と比べて,著しく不利に扱われるわけではない,ということである.

● 第6章チャート：会社の終了 ●

I. 序 論
▶ 解散／無効宣告→清算手続き（清算会社）→登記抹消＝終了

II. 解散による会社の終了
- 期間の経過（§262 Abs.1 Nr.1 AktG）
- 解散決議（§262 Abs.1 Nr.2 AktG）
- 倒産を理由とする解散（§262 Abs.1 Nr.3, Nr.4 AktG）
- 定款の瑕疵を理由とする登記裁判所の処分（§§144a Abs.1 FGG, 262 Abs.1 Nr.5 AktG）
- 財産の不存在
- 組織変更，たとえば包括承継（§§2 Nr.1, 123 Abs.1, 174 UmwG）

III. 清 算
- 会社の組織構造は維持される
- 取締役会は清算人に置き換えられる
- 財産の換金および財産の分配，とりわけ会社債権者の満足

IV. 無効宣告による終了
- 要件：定款の重大な瑕疵，治癒がない
- 形成判決による不遡及の無効宣告
- 株主，取締役会または監査役会による訴え提起

第6章

会社の終了

◇文献◇Aktienrecht im Wandel (Hrsg. Walter Bayer und Mathias Habersack), Band II, Grundsatzfragen des Aktienrechts, Tübingen 2007, 17.-21. Kapitel; Schmidt, Karsten, Gesellschaftsrecht, 4.Aufl., 2002, §30; Grunewald, Barbara, Gesellschaftsrecht, 7.Aufl., Tübingen 2008, S.328f.

1. 序論

　株式会社の商業登記簿からの抹消（Löschung）（§273 Abs.1 S.2 AktG）が，会社の終了（Beendigung）である．抹消は，登記裁判所が当該株式会社の登記簿ページにメモを貼り付け，従前の登記を赤線で削除することによって行われる．株式会社成立について登記が設権的であるのと同様に，抹消もその消滅について設権的である．この時から，会社は法人としてはもはや存在しなくなるのである．

　しかしながら，ある瞬間に事業活動を行っている株式会社が次の瞬間に終了するわけではない．株式会社の抹消，したがって終了には，組織変更による解散および財産不存在を理由とする職権による抹消の場合（§141a Abs.1 FGG）〔非訟裁判事件に関する法律（Gesetz über die Angelegenheiten der Freiwilligen Gerichtbarkeit)〕を例外として，強行法的に，清算手続き（Abwiklungsverfahren）と呼ばれる段階が先行しなければならない（§264 Abs.1, §277 Abs.1 AktG）．その理由は，債権者の保護である．債権者の満足を，清算に関するAktGの規定（§§264ff.）は，特別の手続によって確保しようとしている．会社が債権者に対する責任財産となっている株式会社の資本を，このような手

続を経ることなく随意に分配できるとしたら，債権者保護は危うくなってしまうであろう．

株式会社の終了，したがって抹消と区別されなければならないのが，解散（Auflösung）である．解散は，清算段階を開始するものである．解散は，終了の法的原因であり，他方，終了は1個の法技術的な出来事を表している．

解散事由の発生は，会社の目的を変更する．会社は，今や，それまで追及してきた，§23 Abs.3 Nr.2 AktG によって定款に記載された目的——なによりも利益の獲得である——を，もはや追求しない．会社は，今や清算のために体制を整えられる．営業中の会社は，清算会社に変わる．けれども，そのことと会社の法的同一性の変更は結びつかない．解散によって生じ，深く影響の及ぶこの本質の変化は，商業登記簿に登記されなければならない（§§263, 277 Abs.1 AktG）．会社の商号には，会社が清算中であることを示す付加語，たとえば，i. L. (in Liquidation〔清算中〕) が付け加えられる．

株式会社の定款の重大な瑕疵を理由とする，判決による無効宣告も，清算になる（§277 AktG）．無効宣告は，したがって，解散の一場合と位置づけることができる．

終点が会社の終了となる時間の経過は，以下のように区分けされる．すなわち，解散および無効宣告が清算段階を開始する．清算が行われると，会社は商業登記簿から抹消される．抹消は，会社の（完全な）終了を意味する．

II．解散による会社の終了

解散が可能な事由は，法律で限定列挙されている．若干の事由は，AktG で規律され，その他は外部で規律されている．株式法の §262 Abs.1 には，解散の要件事実のカタログがある．個別の解散事由を，

第6章 会社の終了

以下で論ずることとする.

1. 期間の経過（§262 Abs.1 Nr.1）

株式会社は，定款に定めがある場合には，期間の経過によって解散される．実際には，この解散事由はめったにない．

2. 解散決議による解散（§262 Abs.1 Nr.2）

定款により厳格な定めがなければ，解散決議には決議時に投票権を有する基礎資本金の4分の3の特別多数が必要である．解散決議には，実質的正当事由は必要ではなく，それ自身のうちに正当事由をもっている．法律にはこの種の制限はないが，その理由は，株主の投資引揚げの自由（Deinvestitionsfreiheit）を減殺したくないからである．

実質的正当事由の必要性の問題を，裁判所は，たとえばLinotype事件[1]で決定しなければならなかった．この事件では，基礎資本金の3/4超の持分所有権をもつ多数株主である有限会社が，少数株主を排除しようとしていた．したがって，被告株式会社の多数株主＝有限会社は，解散決議を行った．それから，多数株主有限会社は，被告株式会社の財産を購入したが，これは最初から計画していたことであった．多数株主有限会社は，今や当該株式会社の全事業を保有し，少数株主はいなくなった．少数株主の一人が，解散決議に反対して訴えた．しかし，訴訟は，少なくとも実質的に正当事由のない——なぜなら，少数株主がなくなることだけを目的にしているのであるから——解散決議だという観点からは，成功しなかった．

定款ですら，そこで実質的解散要件を定めたとしても，（定款厳正の原則，§23 Abs.5 AktG，のゆえに）多数株主を拘束することはできない．しかし，定款は，§262 Abs.1 Nr.2 HS.2 AktGによって，よ

---

[1] BGHZ 103, 184-197 „Linotype".

り厳格な要件を定めることができるが，これは決議の成立それ自体——したがって，その形式的要件——に関わることである．

3. 倒産を理由とする解散（§262 Abs.1 Nr.3, Nr.4 AktG）

　実務上最も重要な解散事由は，会社の倒産（Insolvenz）である．会社が倒産になるのは，現実的支払不能（zahlungunfäig）か，または，債務超過（überschuldet）の場合である．現実的支払不能とは，自由に処分できる流動資産が会社に十分になく，その結果履行期の到来した債権を履行できないときである，§17 Abs.2 Insolvenzordnung（倒産法；InsO）．会社が債務超過であるとは，基礎資本金を含めた会社財産が債務を補填〔カバー〕するのに十分ではないときである（§19 Abs.2 InsO）．債務超過は，商業貸借対照表から区別されなければならない債務超過貸借対照表（Überschuldungsbilanz）から判断される．債務超過貸借対照表は，企業を清算することを前提に，財産の借方を清算価値（Zerschlagungswert）〔固定資産や流動資産を売却したとして得られる価値，時価．簿価よりも低くなる〕で見積もる．あるいは，存続の蓋然性が非常に高い場合には，存続を前提にする．この場合にはより高い存続価値（Fortführungswert）〔簿価〕を見積もることができる．

　債務超過または現実的支払不能を理由として支払不能が認定された場合には，今度は，財産が少なくとも倒産手続の費用を填補できるかどうかが問題になる．填補できないときは，倒産裁判所（Insolvenzgericht）は倒産手続の申立てを決定をもって却下する．この決定は，会社の解散を意味する．この後引き続いて，§§264ff. AktG による清算が行われる．倒産財団（Insolvenzmasse）が手続費用を十分まかなえる場合には，倒産裁判所は倒産手続を開始する．この開始決定もまた，株式会社の解散を結果する．しかし，この場合の清算は，AktG に従

ってではなく，InsO に従って行われる．

　倒産をできるだけ早期に認識し，できるだけ早期に倒産手続を開始することが，債権者の利益である．倒産の申立ての引延しは，会社が術策を弄してもっと展望のない財務状態に陥る危険を宿しており，これは債権者の満足の見通しを悪化させる．したがって，§92 Abs.1 AktG は取締役会に，会社が基礎資本金の半分を喪失したと想定しなければならない場合には，株主総会の招集を義務付けている．現実的支払不能または債務超過の場合には，取締役会は，倒産手続の開始を申立てなければならない（§92 Abs.2 AktG）．この義務の違反は，有責な〔故意または過失のある〕行為の場合には，刑罰が科される（§401 AktG）だけではなく，取締役会に損害賠償責任も負わせる（§823 Abs.2 BGB iVm §92 AktG）．

4. 定款の瑕疵を理由とする，§144a Abs.1 FGG による登記裁判所の処分（§262 Abs.1 Nr.5 AktG）

　若干の特に重大な定款の瑕疵は，会社の無効宣告の訴えによって，訴訟提起が可能である（これについては，下記参照）．これと並んで，登記裁判所は，非訟裁判所事件に関する法律（FGG）§144a が挙げる定款の瑕疵を理由として，訴えの先行なしで株式会社の無効を確認することができる．しかしながら，裁判所はその前に株式会社に瑕疵除去の期限を定め，そして，この期間が徒過していなければならない．定款の瑕疵を確認して，それが確定すれば，会社の解散となる．その結果，会社は清算されなければならない．

5. 財産の不存在を理由とする，§144a FGG による抹消（§262 Abs.1 Nr.6 AktG）

　株式会社が職権によって抹消されるのは，会社にもはや財産がない場合である．これは，潜在的債権者のためにある．潜在的債権者は，

会社には責任財産が備わっているという通常の場合を前提にしているからである．この解散事由の場合には清算すべき財産が存在しないので，清算が行われるのは，事後的にやはり財産が見つかったという場合だけである (§264 Abs.2 S.1 AktG)．それ以外の場合は，即座の終了となる．

6. 組織変更

　AktG 以外の解散事由は，組織変更法 (Umwandlungsgesetz; UmwG) において見出される．他の組織変更の手段と並んで，UmwG として条文化された組織変更法は，権利主体に対して，その全財産を唯一個の法的行為で包括承継により一または複数の権利主体に移転することを，可能にしている．ある権利主体の全財産が別の権利主体に移転するのであるから，この結果，移転した権利主体の清算のない解散となる (§2 Abs.1, §123 Abs.1, §174 UmwG)．この場合に清算を考えるなどまったく無意味であろう，移転の後には清算できる財産がないのであるから．

Ⅲ．清　算

　解散の後には，清算 (Abwicklung) が行われる (§264 Abs.1 AktG)．例外（財産不存在，組織変更）は，すでに指摘した．株式会社が清算中であり，したがって，その会社目的を変更した場合にも，株式会社は原則としてそれ自体としては存続する．とりわけ，会社諸機関の間での権限分配により生ずる会社の組織構造はそのままである．しかしながら，取締役会は清算人 (Abwickler) に置き換えられる．株主総会は，清算人を決議によって任命する．株主総会がこれを行わなければ，以前の取締役会メンバーが清算人のポストを占める (§265 Abs.1, 2 AktG)．清算人は，原則として，営業中の会社の取締役会と同一の権利・義務を有する (§268 Abs.2 AktG)．清算人は，§82 Abs.1 AktG

による取締役会と同様に，会社のために無制限かつ制限できない代理権を有する（§269 Abs.1 u. Abs.5 AktG）．補充的に，清算人は清算に関係する特別の権利・義務を有する．

清算人の任務は，一方で，株式会社の財産を金銭に変換することである．このために清算人は，継続中の事業を終了させ，会社の債権を徴収し，会社のその他の財産客体を換金する（§268 Abs.1 AktG）．

その他に，清算人は財産を配分することになっている．そこで清算人のもっとも差し迫った任務は，会社債権者を満足させることである（§268 Abs.1 S.1 AktG）．会社債権者が満足を得られるようにするために，清算には債権者に対して3度，会社公報――それは §25 AktG により常に電子版連邦公報である――による公告によってその債権の申出を呼びかける．3回の呼びかけの公告の後，1年間の閉鎖期間が始まる．残存財産が債権者に分配してよい最も早い時点は，この1年間の閉鎖期間が経過した時である（§272 Abs.1 AktG）．しかしながら，これは，いずれにせよ1年間の閉鎖期間経過後は財産の株主への分配を始めてよいということを意味しない．§271 Abs.1 AktG によれば，社員の順位は会社債権者の後ろにしかない．したがって，1年間の閉鎖期間経過しても，申出のあった債務，または，申出はなかったがしかし会社が知っている債務の決着がついていなければ，清算人はまずこれらの債務を顧慮しなければならず，その後に残余財産を社員に配分するのである（§271 Abs.2 AktG）．清算人がこの順序を守らなければ，損害賠償義務を負うことになる（§§268 Abs.2, 93 AktG, §823 Abs.2 BGB）．この場合に法律は，株主にも責任を取らせる．株主は，§62 Abs.1 S.1 AktG により，分配金を，それが優先順位の債権者の満足のために当てられていた限りで，会社に返還しなければならない．

債権者の満足が規則通りに終わったあとで，結果がよければ，清算

人は会社の残余財産を株主に分配しなければならない．この場合まず最初に，会社財産に対して優先権をもつ株主（§11 S.1 AktG）が顧慮されなければならない．次に，その他の株主が残余物をその基礎資本金に対する持分に比例して受取る（§271 Abs.2 AktG）．

IV. 会社の無効宣告による終了

1. 訴えの要件

　定款が特に重大な瑕疵を帯びている場合，会社は形成判決によって無効と宣告される．法律行為それ自体は，法律に反すれば決して有効にはならず，無効になるために判決を必要とするわけでもない．しかしながら，株式会社の無効は，形成判決による無効の宣告を前提とする．加えて，このような判決は将来に向かって（「今から（ex nunc）」）のみ効力をもつのであって，遡及効（「その時から（ex tunc）」）はない．訴える権能を有しているのは，すべての株主，取締役会，および，監査役会である（§275 Abs.1 S.1 AktG）．これらの者たちが無効宣告を求めることができる事由を，§275 Abs.1 は限定列挙している．それは，基礎資本金の額の記述および企業目的の記述の欠如，ならびに，企業目的の決定の無効に限られる．定款の瑕疵は，それが存続する限り会社を無効訴訟によって脅かすべきではない．したがって，株式会社登記後 3 年が実質的な除斥期間となり，これ以後定款の瑕疵を訴えても，認められない（§275 Abs.2 AktG）．

　この判決の確定後，無効な会社は，上で論じた解散した会社と同様に，清算されなければならない（§277 Abs.1 AktG）．

2. 規律目的

　可能な無効事由を実質的に制約し，その訴え提起の期間を制限し，判決の効力を将来に向かってのみとすることは，法的取引の保護のためであり，また，株主の保護のためでもある．

第6章 会社の終了

　法的取引は，株式会社の存続を信頼した．とりわけ，その保護のために設定された，基礎資本金の拘束のような安全措置を信頼して，法的取引は株式会社の事業と関わってくる．締結された契約を複雑な仕方で巻戻したとしても，利益にかなうわけではない．巻戻しは，しばしば，長年の継続的債務関係であって，相互に履行した給付が多数ある場合には，まったくできなくなってしまう．株主は，株式会社の債務を理由に個人として責任を負うことはない，ということを信頼した．しかし，株式会社が法人として一度も成立していなかったということになると，責任を負うことになるであろう．

3. 治　癒

　定款における企業目的が欠如し，または，無効である場合に関して，§276 AktGは，治癒の可能性を規定している．株主は，定款変更に関する規定（§§179ff.）に従って，企業目的を有効に定めることができる．この可能性を開くために，原告が訴えを提起できるのは，株式会社に対してその3ヶ月前に瑕疵の除去を要求し，その要求が無益に終わってからである（§275 Abs.2 AktG）．

● 第7章チャート：権利保護 ●

I. 株式法上の機関訴訟
- 内部関係をめぐる裁判上の争訟
- 問題：株式会社の機関の権利能力および当事者能力

II. 株主の情報請求権
- 情報拒絶手続き（§132 AktG）
- 不法に拒絶された情報を基礎とする決議の取消し

III. 違法な株主総会決議に対する無効および取消しの訴え
1. 無効な株主総会決議
   - 特に重大な法律および定款違反（§241 AktG）
2. 取消可能な株主総会決議
   - 原告および被告適格（§245 AktG）
   - 訴え提起期間（実体的除斥期間，§246 AktG）
   - 因果関係
3. 取消しの訴えの濫用
   - 強盗まがいの株主，職業的原告
   - 判例および立法の対応
   - 訴え棄却
   - 放免手続
   - 補償金調整手続
   - 取消しの訴え濫用に対抗する最近の考察

IV. 取締役会の事業執行措置に対する訴え
- 問題：取締役会の包括的事業執行権限（§76 AktG）
- Holzmüller 事件：条文にない株主総会の権限

V. §117 AktG に基づく損害賠償の訴え
- 株式法上の責任条項→会社および個別株主の保護

VI. 他の株主に対する訴え
- 問題：株主⇔株主の法的関係はない，株主⇔会社の法的関係だけがある
- Linotype 判決：多数株主の少数株主に対する誠実義務
  →株主総会決議取消可能
- Girmes 判決：少数株主の多数株主に対する誠実義務
  →直接の損害賠償請求権

第 7 章

権利保護

◇文献◇Aktienrecht im Wandel (Hrsg. Walter Bayer und Mathias Habersack), Band II, Grundsatzfragen des Aktienrechts, Tübingen 2007, 12.-14. Kapitel; Schmidt, Karsten, Gesellschaftsrecht, 4.Aufl., 2002;Grunewald, Barbara, Gesellschaftsrecht, 7.Aufl., Tübingen 2008.

●A● 株式法上の機関訴訟

　機関訴訟は，内部関係をめぐる裁判上の争いで，原告および被告の側に会社，その機関または機関の個別メンバーが関与するものである．機関訴訟がそもそも許されるのかどうか，争われている．機関訴訟が許されないことの論拠は，株式会社の機関には株式会社と違って，自ら権利能力があるわけではなく，したがって，当事者能力もない（§50 ZPO〔民事訴訟法, Zivilprozessordnung〕）ということである．当事者能力（Parteifähigkeit）は，権利能力（Rechtsfähigkeit）の訴訟上の対応物である．当事者能力を有する者だけが，法的争訟において，当事者となることができる．しかし，機関は，独立に行使するための権利・義務が割り当てられている限りで，部分的権利能力を有すると見ることもでき，またその限りで当事者能力も認めることもできるであろう．自律的に訴えることができる監査役会の権利が，たとえば，§90 Abs.3 AktGで規律されているともいえよう．この規定によれば，監査役会は，取締役会に会社に関する案件の報告を請求することができる．

A 株式法上の機関訴訟

　判例は，今までのところ，この問題をはっきりと決してはいない．Opel 事件では[1]，Opel AG の監査役会個別メンバー——それも被用者サイドから派遣されたメンバー——が取締役会を相手方として，ある業務執行措置の不作為を求めて訴えた．きっかけとなったのは，〔Opel による〕EDV のドイツ EDS GmbH への譲渡である．ドイツ EDS GmbH は，アメリカ合衆国 EDS の子会社であり，合衆国 EDS もまたゼネラル・モータース株式会社（GMC）の子会社であった．Opel AG の 100％の持分所有者は，同様に GMC である．譲渡によって，Opel AG にあったこれまでの EDV の職場がなくなった．BGH は，機関訴訟といったものを確かに絶対認められないとは考えていないが，しかし，決定が必要だとも考えなかった．なぜなら，裁判しなければならない事実関係からすれば，いずれにせよ訴権は存在しなかったからである．原告が根拠にできると考えた権利は，BGH の考えでは，監査役会個別メンバーに認められるのではなく，どのみち監査役会全体にしか認められなかったのである．しかし，監査役会は訴えていなかったが，これは持分所有者代表が GMC のために監査役会に出席し，取締役会の処置に同意していたのであるから，当然のことである．

　ARAG/Garmenbeck 事件[2]では，BGH は，またもや被用者側の監査役会メンバーの訴えについて裁判しなければならなかった．原告たちは，監査役会の「取締役会委員会」への 2 人の被用者代表の選出に失敗し，この委員会が今や使用者代表だけで構成されるようになったので，この選挙を攻撃した．BGH の考えでは，監査役会メンバーは，いずれにせよ会社を相手方とするのであれば，訴えることができた．

---

(1)　BGHZ 106, 54-67 „Opel".
(2)　BGHZ 122, 342-363 „ARAG/Garmenbeck".

第7章　権利保護

選挙で拒否の決定を下した監査役会を相手方とする訴えは，株式会社の機関には権利能力が認められないために不可能である．したがって，監査役会は当事者能力も有しない，というのである．

機関訴訟は，この間，法実務から見れば，むしろ重要でない露命を細々とつないでいる．なぜなら，株式会社における機関相互の衝突はたいていの場合訴訟外で和らげられているからである．

● B ● 株主の情報請求権

情報は，事態に即した（sachgerecht）投票権の行使のための条件である．したがって，§131 AktG は，株主に取締役会を相手方とする情報請求権（Auskunftsrecht）を与えているが，しかしながら，それは議題の案件について事態に即した判断のために必要な限りである．必要であるという要件事実メルクマールは，濫用を予防することを目的とする．濫用だといえるのは，事態と関係のない（sachfremd）目的が主要であって，信義誠実を基準として衡量すれば，株主の行動は妥当と認めることができないといった場合である[3]．

取締役会は，質問に対して原則として完全に答えなければならない，つまり，良心的で誠実な説明（gewissenhafte und getreue Rechenschaft）の諸原則に適合するように，答えなければならない（§131 Abs.2 AktG）．取締役会が情報を完全に，または一部拒絶することができるのは，§131 Abs.3 S.1 AktG のカタログに列挙された理由に基づく場合だけである．とりわけ重要なのは，§131 Abs.3 S.1 Nr.1 AktG で挙げられている理由である．すなわち，情報によって会社が無視できない不利益を被る危険が，拒絶権の根拠となっている場合で

---

[3] OLG Karlsruhe AG 1990, 82.

ある．危険が存在するかどうかは，合理的な商人の立場から判断される．この規定は，株主の公示性に対する利益と会社の秘密保持の利益とを調整している．2005年[4]になってようやく，Nr.7が法律に挿入された．すなわち，拒絶権が存在する場合として，さらに，要求された情報が株主総会の7日前からすでにインターネットサイトでアクセス可能になっていた場合，を挙げた．この拒絶理由は，株主総会で予想される標準的問題に対する解答を免除することを目的としている．

権利保護との関連で，情報請求権は2つの点で重要である．すなわち，情報を§131 Abs.3 AktGの理由に基づいて拒絶した取締役会の決定は，裁判所のコントロールに服する（情報強制手続，§132 AktG）．その他に，不法に拒絶した情報は，情報拒絶に基づいて行われた株主総会決議を取消可能なものにする——実務上もっとも頻繁に現れる取消原因の1つである．

取締役会が情報を求める株主に情報を与えなければならなかったかどうかは，会社の所在地を管轄する地方裁判所（Landgericht）が，申立てにより裁判を行う（§132 Abs.1 AktG）．申立権者は，当該情報を請求した株主であって，総会において拒絶に対する異議を表明し，それを議事録に記録した者である（§132 Abs.4 AktG）．この他に，当該株主は，情報の拒絶が関係する議案が決議された場合には，この決議をも取消すことができる．もちろん，これが可能なのは，決議を無効にすることが情報請求権の侵害と比例関係にある場合に限られる．

●C● 違法な株主総会決議に対する無効および取消しの訴え

株主総会決議は，手続に従った成立について，および，その内容に

---

[4] 2005年11月1日発効のArt.1 UMAG〔UMAGについては，9頁参照〕．

ついて，定款または法律に違反する可能性がある．違反すれば，この決議は違法である．違法の法律効果として法律は，無効（Nichtigkeit）と単なる取消可能（Anfechtbarkeit）とを区別している．この区別は，無効な決議は最初からなんらの効果ももたらさず，取消可能な決議は確定形成判決に基づいてのみ効果をもたらす（§249 HS.1 Nr.5 AktG）が，しかし遡及効をもつ，というものである．取消可能と無効との間の区別は，さらに何人も無効を援用することができ，無効確認の訴えによってもよいし，他の任意の方法でもよい，という点にもある（§249 Abs.1 S.2 AktG）．決議が取消可能であることは，訴え提起によってのみ主張することができる．取消権者は誰でもよいわけではなく，§245 AktG に列挙された者だけである．

共通点は，無効の訴えも取消しの訴えも実体的確定力を当事者だけでなく，その他に全株主，取締役会および監査役会のメンバーに対しても及ぼすことができる（§249 mit §248 AktG），ということである．実体的確定力（materielle Rechtskraft）とは，もろもろの裁判所を先になされた実体判断に拘束し，一定の法主体の間で新たな訴訟においてこれと異なる実体判断を行うことを妨げるものである．取消訴訟の判決の形成効は，同様に万人の間に（inter omnes）及び，同様に無効訴訟の確認判決の効力も万人に及ぶ．

無効確認の訴えと取消しの訴えとは，訴訟物が同一である．すなわち，両訴訟とも同一の訴訟目標を追求する．つまり，法律および定款違反を理由として当該決議の無効を拘束力をもって明確にすることである．この理由から，無効の訴えは，常に取消しの訴えも内包している[5]．したがって，原告が無効の訴えを提起したときは，同じ訴訟目標を達成するのに考慮される取消原因も吟味しなければならならず，

---

(5) BGHZ 134, 364, 366.

C 違法な株主総会決議に対する無効および取消しの訴え

場合によっては取消原因に基づいて決議無効を宣告しなければならない．

I．無効な株主総会決議

AktG は，特に重大な法律および定款違反を限定列挙し，それが株主総会決議無効になるとしている．その他の違反は，決議を取消可能にするだけである（§243 AktG）．株主総会決議に一般的に適用される無効事由を，§241 AktG は列挙している．特別決議に関する無効事由は，§250 AktG（監査役会メンバーの選任に関する決議），§253 AktG（貸借対照表上の利益処分に関する決議），および，§256 AktG（年度決算書の確認に関する決議）である．

§241 AktG に基づく一般的無効事由は，以下の通りである．すなわち，

- 資本措置における若干の許されない手続き（§241 HS.1 AktG），
- 株主総会の，§121 AktG に従っていない招集，ただし，すべての株主が出席し，誰も決議に反対しなかった場合は，この限りでない（§241 HS.2 Nr.1, §121 Abs.6 AktG）．
- 決議に，§130 AktG に従った公証人の認証を受けていないという方式の瑕疵がある（§241 HS.2 Nr.2 AktG），
- 決議が株式会社の本質に適合しない，または，債権者保護規定もしくは公共の利益保護規定の違反（§241 HS.2 Nr.3 AktG），
- 良俗違反（§241 HS.2 Nr.4 AktG）．

株主総会決議の無効は，治癒可能である（§242 AktG）．決議が認証されていないことは，決議が商業登記簿に登記されると，もはや主張することはできない（§242 Abs.1 AktG）．上で列挙したその他の無効事由では，同じ治癒の効果は，登記がなされ，その後 3 年が経過する

ことによっても生ずる（§242 Abs.2 S.1 AktG）.

II. 取消可能な株主総会決議

　無効事由とならないすべての法的瑕疵は，株主総会決議を取消可能にするだけである（§243 Abs.1 AktG）. 取消しを認める判決が確定すると，§241 Nr.5 AktGによって，決議無効の効果が生ずる. しかしながら，取消可能の例外となる法的瑕疵もあり，それは法律が明示的に補償金調整手続法による補償金調整手続（Spruchsverfahren）による審査に割り当てたものである（これについては，すぐに論ずる）.

原告適格および被告適格：訴えは，§245 AktGが挙げる訴える権限を有する者によってのみ提起することができる. それは，株主総会に出席し，加えて，株主総会において当該決議に反対を表明した株主；株主総会に欠席したが，株式会社の責に帰すべき事由で出席が妨げられた株主；機関としての取締役会；取締役会または監査役会の各メンバーであって，決議の執行によって損害賠償法上または刑事法上責任を負うことになる者. 正当な被告は会社である，§246 Abs.2 S.1 AktG. 株主訴訟の場合には，会社は取締役会および監査役会によって共同で代表される. これら2つの機関のメンバーが原告側で手続に関与する場合には，代表はそれぞれ原告がメンバーではない機関である（§246 Abs.2 S.2 u. S.3 AktG）.

訴え提起期間：取り消しの訴えの根拠となるべき事由は，決議が行われてから1ヶ月以内に限って主張することができる. §246 Abs.1 AktGは，実体的除斥期間を規定する. その意味は，裁判所が時期に遅れて提起された訴えを理由なしとして棄却することである. 短期の除斥期間を定めた理由は，重大な対外的効力と公示を備えた株主総会決議の存続に対する，第三者ならびに現在および将来の投資家の信頼である. この信頼は，期間無制限に取消可能であるならば，裏切られ

C 違法な株主総会決議に対する無効および取消しの訴え

てしまうであろう[6].

因果関係：決議の成立およびその際遵守すべき手続きに関する法的瑕疵について, §243 Abs.1 AktG の文言の規定の仕方は広すぎる. これを限定しなければ, 取消しの訴えは, どんなに些細な手続違反でも, 成功することになる. したがって, BGH は, 当初被告会社に, 手続違反は決議の結果に影響を与えなかった, したがって因果関係がなかったという抗弁を認めた[7]. もちろん基準となるのは, 決議はいずれにせよ成立したのだ, ということではなかった. なぜなら, これを認めれば, 過半数というだけで, 因果関係の基準となるからである. 過半数にとって手続違反が, たとえば, どうでもよいものであった, あるいは, 手続に問題がなかったとしても同じ決議を行ったという場合に, 因果関係がなかったということになる. これは, 少数株主保護に反する, なぜなら, 手続を遵守することはすべての株主のためだからである. したがって判例が基準としたのは, 客観的に判断する株主であれば, 正しい手続が行われたなら, 実際に行われたのとは異なった投票を行ったかどうか, であった[8].

この間に BGH は,――学説の批判に従って――因果関係の抗弁から決別した[9]. これからは, 手続きの過誤の重要性を基準にしようというのである. すなわち, 合理的な株主が規則通りの手続で行われたならどのように投票したかを言うことは, 困難である. しかし, 手続きの瑕疵を評価を加えて考察し, この評価に従って, 取消可能という法律効果が――違反した手続規定の重要性と比較して――不釣合い

---

(6) BGHZ 122, 342, 347 „ARAG/Garmenbeck".
(7) BGHZ 36, 121, 139.
(8) BGHZ 122, 211, 239.
(9) BGH AG 2005, 87, 89.

である〔大きすぎる〕ことを理由に，取消しが例外的に認められないと決めることは可能である．この場合の評価は，違反した手続規範の保護目的を基準に行われなければならない．これによれば，手続きの過誤が重要（relevant）となるのは，この過誤のために決議に正統性（Legitimation）の欠如があるという場合だけである．

実務上特に頻繁に問題になる手続過誤，すなわち，株主の情報欠如に基づく手続過誤に関して，立法者はこの判例を，§243 Abs.4 AktG を新たに規定することによって，法律の条文の中に取り入れた[10]．この規定によれば，情報の瑕疵に基づく訴えは，当該情報が BGH 判例の意味で重要でなかったときは，理由がない．これは，客観的に判断する株主の立場から判断される．このような株主が事柄にふさわしい構成員権の行使にとって重要な前提であると評価する情報だけが，重要なのである（§243 Abs.4 S.1 AktG）．なぜなら，この重要性という質をもった瑕疵ある情報を基にして決議が行われた場合には，その決議には正統性の欠如があるからである．

III．取消しの訴えの濫用

取消しの訴えという手段は，基本的には，法と定款に違反する多数株主に対して少数株主を保護するための不可欠の道具である．取消権の陰の部分は，いわゆる「強盗まがいの株主（räuberischer Aktionär）」の現象である．この現象は，1980年代中庸から末にかけて表れてきた．わずかな持分権しか所有しない株主が，高額の支払いの見返りに，その取消しの訴えを取り下げたのであった．多数株主または会社自身もこの取下げに対して多少奮発して支払ったが，その理由はこれらの訴えが彼らにとって非常に重い負担だったからである．たとえば，定款

---

[10] Art.1 UMAG v. 22. 9. 2005.

C 違法な株主総会決議に対する無効および取消しの訴え

変更のような基本的な決議実現は,商業登記簿に登記してはじめて有効になる (§181 Abs.3 AktG). ところで,登記裁判所は,取消し訴訟が継続している場合には,登記を延長することになる (§127 FGG). これは,決議実現の何年にも及ぶ停滞を招きかねない. 取消しの訴えを買い取らせる目的で提起することによって,若干の「職業的原告 (Berufskläger)」がいかがわしい評判を得ることになった. たとえば,ベルリンの引越し業者 Klaus Zapf である. ドイツ全体で 40 人ほどが,わずかな持分を取得し,取消しの訴えの機会を待ち,それから訴えの取下げまたはその所有持分を,その持分の市場価値と比べてはるかに高い価格で買い取らせている.

　取消権からの期待せざるこの増殖物に対して,判例も立法も反応した.

訴え棄却:判例は,このような訴えを権利濫用を理由に理由なしとして棄却した——決議が実際に違法であった場合ですら,そうした. BGH は権利濫用と認めるための要件を,以下のように挙げた. (1) 訴えの提起が,原告が何も請求権を有しない給付の獲得をもっぱら目標としている. (2) 会社が取消しの訴えの不利益を避けるために,給付を行うだろうという,原告の思惑. 具体的な事案で,原告の主観的な思惑を認定することが困難であったとしても,原告が過去にすでに取消しの訴えを買い取らせていたという事実は,やはり権利濫用の徴表〔間接事実〕となりうるのである[11].

放免手続:取消しの訴えから恐喝の可能性を取り除くことを,立法者もその課題とした. 基本的な株主総会決議の多くは,効力を発するためには,商業登記簿への登記が必要である. 放免手続 (Freigabeverfahren) によって,会社は,たとえ未決の取消手続があったとしても,

---

(11)　BGHZ 107, 296, 313f.

決議の登記を達成することができる．放免の決定は申立によって行われる．管轄裁判所は，取消しの訴えが係属している裁判所である．放免決定の要件は，取消しの訴えが明らかに成功しないだろう，ということである．しかし，放免決定は，取消しの訴えに成功の見込みがある場合でも，行うことができるが，それは，会社の利益が取消原告の利益に優越する場合である．放免手続は，これまでのところ，すべての株主総会決議に関して規定されているわけではない．可能なのは，資本措置および企業契約〔相手方企業の経営に服する，または全利益を相手方企業に払込む契約〕についての決議（§246a AktG），組込みおよび Squeeze-Out〔搾り出し：持分95%の主要株主の申立により株主総会が少数株主に株式を相当な補償を受けて主要株主に譲渡するよう決議する，§327a AktG〕についての決議（§319 Abs.6, §327e Abs.2 AktG），ならびに，組織変更についての決議（§16 Abs.3 UmwG，この規定をその他の組織変更手段についての規定がそれぞれ参照指示している）である．

補償金調整手続：株主総会決議の中には，決定の基礎として株式の評価を要件としているものがあり，その理由は，相当な補償がなされなければ決議ができないからである．たとえば，少数株主の Squeeze-Out は，相当な金銭補償がなされた場合にだけ実行することができる（§327a Abs.1 AktG）．これだけで，不利益を受けたと考える株主は，当然株式の評価が不当に低かったという理由で，決議の取消しを訴えてくることになりかねない．これもまた，早急な決議実現を見越してありうる措置を阻止することになるであろう．「強盗まがいの株主」のための道が開かれかねない．それゆえ立法者は，§1 SpruchG〔Gesetz über das gesellschaftsrechtliche Spruchverfahren（Spruchverfahrensgesetz）：会社法上の補償金調整手続に関する法律（補償金調整手続法）〕が概括的に挙げている場合において，補償金の額が問題であ

C　違法な株主総会決議に対する無効および取消しの訴え

るときには，決議の取消しを認めないことにした．補償金調整手続は，このようにして取消による決議実現の阻止を回避する．取消しに替えて，原告は補償金の相当性を特別の手続で審査にかけることができる．補償金が不当だということで申立に理由がある場合には，裁判所はより高額の相当な補償金を確定する．そうなると，より高額で確定されたこの補償金は，申立株主だけでなく，すべての株主に適用される．

取消しの訴え濫用に対抗する最近の考察：2008年4月2日に，連邦司法大臣 Brigitte Zypries は，株主訴訟の濫用に対してより厳しい措置を提案した．〔ヨーロッパ共同体の〕株主権指令の国内法化のための法律政府案（2008年11月5日段階）は，とりわけ，濫用的株主訴訟の防止を目的とした．濫用的株主訴訟を撲滅するために導入された放免手続は，この案によれば，2つの観点で精密にされ，補充された．

　一方で，裁判所が放免決定の際に行わなければならない利益衡量が，法律により精密にされている．これによって，裁判所は，正当な取消しの訴えを濫用から区別することのできる，明確な決定基準を手に入れる．その他に規定されたのは，わずかな株式（額面で100ユーロ未満）しか所有しない株主が，それ程重大ではない法律または定款違反を主張しても，圧倒的多数の他の株主に対抗して株主総会決議をもはや阻止できない，である．このような株主は，損害賠償しか請求できない．

　他方で，迅速手続きとして構想した放免手続を遅らせようとする試みを，断固として阻止する．将来は，取消訴訟の代理人の代理権が放免手続にも及ぶことになる．こうして，放免手続の裁判書類は取消訴訟の原告代理人に送達することができる．原告自身への時間のかかる送達は——原告は，たとえば，中国やドバイの住所を提示しているかもしれない——，無しで済ますことができる．

　大学教授，企業および弁護士事務所によって更なるさまざまな改正

第7章　権利保護

が要求されており，それらは明らかに連邦司法省のプランを越えて先を行くものである．たとえば，学者の中には，訴えるための最低株式割合（たとえば，最低基礎資本金の1％あるいは額面額100,000ユーロの持分所有）を支持する声が若干ある．さらに，無効事由を持続的に制限することも要求されている．将来は，特別に重大な法違反だけが株主総会決議の無効になるとすべきだ，というのである．裁判所は，段階を分けて判決をし，たとえば，「制裁金（Rügegeld）」を課すだけでも可能とすべきだと主張されている．その他に提案されているのは，手続を迅速化し，審級を1つ——地方裁判所の審級——削除することである．したがって，このような争いは，第1審としてとしていきなり上級地方裁判所（Oberlandesgericht）から始めようというのである．さらに，事業モデルとしての職業的原告から魅力を奪うために，報酬算定の基準となる，いわゆる「和解割増料（Vergleichsmehrwert）」を削ろうとしている．法律は弁護士手数料を50,000ユーロで見積もっているが，実際には千万の桁までの金額で交渉が行われている．さらに，取消の訴えのいずれの遮断効をも除去するためのインセンティブが与えられている．原告が勝訴すべきときは，損害賠償の請求を可能にしようというのである．

●D● 取締役会の事業執行措置に対する訴え

これまでの議論の対象は，株主総会の決議，および，事業執行機関としての取締役会によるその実現に対する訴えであった．これに関しては，法律がすでに説明したさまざまな訴えの可能性を用意していた．これに対して，取締役会が株主総会に諮ることなく取ることができる事業執行措置に対する訴えに関しては，いかなる法律の規律も見当たらない．法律が株主総会の権限を定款およびとりわけ法律が列挙した

D 違法な株主総会決議に対する無効および取消しの訴え

領域（§119 Abs.1）に狭く限定しているのであるから，取締役会は広い領域で自立的に行為でき，そのために株主総会が取締役会に授権する必要はない．そのことは，取締役会の包括的な事業執行権限（§76 Abs.1 AktG）から明らかになることであり，取締役会は，株主総会に権限がない場合には，常に関与してくる．

ところで，取締役会が自己の権限によって取った事業執行措置が違法な場合に，法律はこれに関して，個別の株主のいかなる権利保護手段も規定していない．この意味は，事業執行措置に対する訴えは許されない，なぜなら，法律は個別株主の訴えを株主総会決議に制限することによって，それだけに限定する規律を行ったのだから，ということになりそうである．さらに，株主はその権利を株主総会において，かつ，法律で決められた場合に行使すると定める §118 Abs.1 AktG の規定からも，このような訴えが許されないということが導き出せそうである．なぜなら，事業執行措置に対する訴えは，権利行使と見なければならず，しかしこの権利行使は総会の外で行使されているからである．

有名になった Holzmüller 事件[12] において，BGH はある株式会社の取締役会の事業執行措置に対する訴えが許されるかについて，判決を下さなければならなかった．判決の基礎には，以下の事実関係があった．被告 AG〔株式会社〕は，主として，材木取引を営んでいた．この AG の自立的なある事業所が，Wilhelmhaven〔北海に臨む港町〕にある海港であり，この海港のために当該 AG は，この間に木材に限定されなくなった完全な貨物積替権を取得した．被告 AG は，自らが唯一の社員である GmbH〔有限会社〕と共に H.KgaA〔H株式合資会社〕を設立した．被告 AG は，Wilhelmhaven の海港事業所を

---

(12) BGHZ 83, 122-145.

現物出資として，自らが申込んだ株式の引受の対価として，H. KgaA に給付した．取締役会は，この措置を単独責任で行い，株主総会決議を先行させなかった．定款によってこの事業執行措置はカバーされていた．すなわち定款は，被告の事業所を子企業にも譲ることができると，明文で許していたのである．

株主は，AG を相手方として訴えを提起し，とりわけ，海港の子会社への給付が事業執行措置として無効であったことの確認，および，補助的に，海港を H. KgaA から被告会社に返還する責任を AG に負わせることを請求した．

実体的に議論したうえで，この判決はとうとう，取締役会が法律で規律された場合の他にも，事業執行措置の実現の前に株主総会に諮る義務を負うことを肯定した．さらに，取締役会がたしかに法律と定款に従えば形式的にはなお独立して行為する権限を与えられているが，しかし，それにもかかわらず当該措置が構成員権〔株主権〕に深刻な影響を与え，その結果，合理的に考えて，取締役会が自己の責任においてこの措置を取ることができると想定することが許されない，という要件も挙げた．このような深刻な影響を与える措置〔という要件〕に海港事業の分離は当たったが，その理由は，この事業所が AG のもっとも価値ある事業部分であり，この事業所に対する株主の影響力が子会社への譲渡によって消滅した，ということであった．なぜなら，被告親会社の取締役だけが，その代表権能（§93 AktG）により，今や海港事業を行うことになった子会社の構成員権（＝株主総会の権利）を行使することになり，この結果，株主の海港事業に対する影響力が，株主が取締役会に行使できる限定的な影響力を媒介としてしか残らず，間接的で，おまけに弱められた影響力になったからである．

取締役会は，この判決に従えば，§119 Abs.2 AktG を準用して，分離についての同意を株主総会に求めなければならなかったのである．

取締役会がこれを行わなかったのだから，その事業執行措置は違法であった，たとえそれが取締役会の代表権限が制限されず，かつ，制限できないことを理由に対外関係では有効であったとしても．

したがって，BGH は，──すでにこれ以前に学説の一部は認めていたが──この訴えが許されることを認めた．AktG がこの種の法的救済手段を規律していないとしても，BGH の考えによれば，実体的に理由のある権利追求は，規律がないことで難破してはならないのである．しかし，株主の訴えは，違法な業務執行措置ならどんなものに対しても許されるというのではなく，取締役が権限に反して株主総会を素通りする場合だけに許されるのである．

● E ● §117 AktG に基づく損害賠償の訴え

§117 AktG の，いわゆる株式法上の責任条項は，会社も個別株主の財産上の地位も保護している．会社に対する自己の影響力を濫用して，取締役会メンバー，監査役会メンバー，支配人または行為の授権を受けた者が会社またはその株主に損害を与えるように行わせた者は，会社または株主に対してその行為から生じた損害を賠償しなければならない．株主が §117 Abs.1 S.2 AktG に従って賠償請求できるのは，株式会社に対する加害を媒介として株主に加えられた損害とは別の損害を株主が被った場合である．その意味は，次のことである．すなわち，株式会社に対する加害は，株主にはその株式の価値減少によって株主自身の損害として媒介される（間接損害または反射的損害）ので，株主個人の損害賠償請求権の理由とはならない．したがって，賠償請求できるのは，株式の価値減少によって媒介されない損害だけである．BGH の例は以下の通りである．株主は，株主として株式会社に対して繋ぎ融資を行ったが，後に株式会社が倒産し，この貸与の弁済を受

けられなかった．株式会社が倒産した原因は，監査役会議長が取締役会を動かして，不当な支払いを給付し，債権を追及しないように仕向けたことであった[13]．株式法上の責任条項は，これまでの実務ではわずかしか登場しなかった．

●F● 他の株主に対する訴え

もう一つ別の問題は，株主は他の株主を相手方として，株主相互を拘束する誠実義務違反を理由に権利保護を求めることができるか，という問題に関係する．伝統的判例は，他の株主を相手方とする株主の直接の訴えを，次の理由で認められないと考えていた．すなわち，ある法人の構成員資格は，法人との権利関係を基礎付けるだけであって，構成員相互の関係を基礎付けるものではない，ということである．

しかしながら，20世紀の発展の過程で，実務はこの点についての考え方の見直しを迫った．最初は有限会社について，BGHは1975年のITT事件[14]をきっかけにして，社員間に直接の誠実義務があることを承認し，この義務によって社員には，違法に行為した他の社員を訴えて，損害賠償を会社に給付するように，さらに，会社の損害以外に自分自身に損害がある場合には，自分にも損害賠償を給付するよう請求できるとした．

株式法に関しては，BGHは，Linotype判決[15]の新しい見方に従った．この判決では，BGHは，企業経営に影響力をもつ多数株主の少数株主に対する誠実義務を肯定した．BGHは，この誠実義務を具体化して，多数株主は株主総会で自己の意見を通して決定する際には，

---

[13] BGHZ 94, 55.
[14] BGHZ 65, 15 „ITT".
[15] BGHZ 103, 184-197 „Linotype".

F 他の株主に対する訴え

少数株主の利益を顧慮しなければならない,とした.とはいえ,この判決では,誠実義務違反の結果は,さしあたりは,決議の取消しだけであった.

それから,1995年 Giremes(16) 判決において初めて BGH は,株主の別の株主を相手方とする誠実義務違反を理由とした直接の損害賠償義務も承認するに到った.その上今度は,BGH は,少数株主の多数株主に対する誠実義務を認めた.判決の基礎にあった事実関係は,以下の通り.Girmes AG は債務超過になった.基礎資本金は,損失により半分以上減少した.この株式会社は債権者と共同で,経営再建計画を作成した.この計画は,減資と授権資本を用いた増資の決議とを同時に行うことを予定していた.〔投資家向け〕雑誌 Effekten-Spiegel の編集者 Bolko Hoffmann がこの計画を妨害した.彼は,数多くの小投資家に投票授権を与えさせ,株主総会で反対投票を行った.その理由は,彼の考えでは,減資は小投資家に不利益を与える,ということであった.経営再建決議は,この反対で通らなかった.この結果,Girmes AG の財産について破産手続が開始せざるを得なかった.Hoffmann に授権していなかった株主たちが,今度は彼を相手に損害賠償を訴えた.損害は,破産による株式の価値下落であった.

BGH は,その判決理由で,次のように述べた.投票行動によって他の株主の会社に関する利益を損なう可能性があるということは,その釣合いを取るために,他の株主の利益を顧慮する義務を要求する.影響力と共に責任の程度も増大するという考え方は,多数社員だけでなく,少数社員にも当てはまる.誠実義務違反は,故意の行動であれば,損害賠償責任を結果する.結果的には,誠実義務違反の責任によって,§826 BGB に基づく故意の良俗違反の加害を理由とする一般不

---

(16) BGHZ 129, 136-177 „Girmes".

法行為責任の要件も満たされている．損害賠償請求権と並んで，誠実義務に違反して成立した決議の取消しも考慮される．このようにBGHは述べたが，しかしながら，投票代理人〔Hoffmann〕の責任は結局は加害の故意がないということで認められなかった．BGHから差戻された OLG Düsseldorf が加害の故意を認定できなかったのである[17]．

---

(17) OLG Düsseldorf ZIP 1996, 1211-1217.

● 第8章チャート：コンツェルン法，組織変更法 ●

I．コンツェルン法
 1．コンツェルン法の規律対象
  ▶ 企業結合の会社法上の問題すべて
  ▶ 法源：§§15ff. u. §§291ff. AktG
  ▶ コンツェルン形成の理由は非常に多様である
 2．歴史概観
  ▶ 1871年ドイツ帝国創設：強力なコンツェルン形成の始まり
  ▶ 1937年株式法：最初の，なおおずおずとしたコンツェルン法の規範化
  ▶ 1965年株式法：コンツェルン法の包括的法典化
 3．企業集中の問題性
  ▶ 取締役会―株主―債権者の並行関係の阻害
  ▶ コンツェルンの利益に個別企業を合わせる
  ▶ コンツェルン・トップによる下部会社の加害
 4．法的構築物としてのコンツェルン
  ▶ コンツェルン自体には権利能力がない．コンツェルンは，法的に自立的な企業を纏めたものにすぎない（§15 AktG 参照）
  ▶ 目的論的企業概念
  ▶ 支配企業の対応物は従属企業である
  ▶ コンツェルンの種類
   ・契約コンツェルン（§§291ff. AktG）
   ・事実上のコンツェルン

II．組織変更法
 ▶ 組織変更法の規律対象：企業の構造転換の会社法上の問題
 ▶ 法源：1994年組織変更法（UmwG），7編に分かれる
 ▶ 組織変更の4形式
  ・§§2ff. UmwG による合併
  ・§§123ff. UmwG による分割
  ・§§174ff. UmwG による財産譲渡
  ・§§190ff. UmwG による形式変更

第8章

コンツェルン法，組織変更法

◇文献◇ Aktienrecht im Wandel (Hrsg. Walter Bayer und Mathias Habersack), Band II, Grundsatzfragen des Aktienrechts, Tübingen 2007, 23.-24. Kapitel; Schmidt, Karsten, Gesellschaftsrecht, 4.Aufl., 2002, §31.

●A● コンツェルン法

前回までは，株式会社を，個別企業として論じた来た．しかしながら，実際の法実務では，ドイツの全株式会社の75％がコンツェルンに組みまれている．大企業は子会社孫会社の全き帝国を作り上げている．Siemens, Tyssen-KruppやDaimlerを考えてみるだけで十分である．コンツェルン法（Konzernrecht）の実際上の重要性は，したがって，過小評価してはならない．

I．コンツェルン法の規律対象

コンツェルン法は，結合した企業の法である[1]．法源は，§§15ff. AktGおよび§§291ff. AktGである．ドイツは，包括的に法典化されたコンツェルン法を有している．類比できるものは，ポルトガル，ブラジルおよび台湾にしか見出されない[2]．部分的法典化を別にすれば，

---

(1) 「コンツェルン法」という概念は厳密ではない．なぜなら，コンツェルンというのは，可能な多くの企業結合の1つに過ぎないからである．そのことは，§18 S.1 iVm §15 AktG.

(2) スロヴァキア，チェコまたはハンガリーは，部分的な法典をもっている．フ

A　コンツェルン法

たいていの国では成文のコンツェルン法はない —— 日本も同様である．

コンツェルン法の初めに，以下のことを常に明らかにしておかなければならない．一般的な用語法とは違って，コンツェルン自身は権利能力を有しない．コンツェルンは，固有の法的地位をもたない．したがって，そのために行為する機関もない．コンツェルンは，複数の法的には独立の企業から成り立つ．しかし，これらの企業は，会社法上の道具を用いて相互に結合されている．したがって，コンツェルンは経済的一体を成している．コンツェルンの基礎は，法的な多数性と経済的一体性の乖離である．これは，コンツェルン法の重要な規律対象でもある．コンツェルン法は，企業の結合から生ずる**会社法上**の問題を扱う．これは，たとえば，コンツェルン化の要件および許容性に関係する．重要な点は，従属会社の支配企業に対する保護である．コンツェルン法は，したがって，組織法および保護法である．

もちろん，コンツェルンは，会社法の外でも問題となる．考えなければならないのは，競争法である．結局コンツェルン化によって経済的力の集積が生ずる．これは，§§35ff. GWB〔競争制限防止法（Gesetz gegen Wettbewerbsbeschränkungen)〕の対象である．体系的には，この領域はコンツェルン法には入らない．同じことは，特別のコンツェルン貸借対照表法あるいは租税法にも言える．企業結合における労働法についても，同じことしか言えない．

II. 歴史概観
1. 1965年までの発展

コンツェルンの隆盛は，1871年のドイツ帝国建設に始まる．工業

　ランスとオーストリアでは規律の計画が完全に失敗した．

革命に恵まれて,大企業が成立した.コンツェルンの形成は,この段階では歓迎され,それどころか奨励された.それに続く時代では,広く枝を張り,強力なカルテルが発展した.これによって出て来た(法的)問題は,ようやく第1次世界大戦後に議論されるようになった.前世紀 20 年代の危機に続いて,立法者の最初の反応が出て来た.けれども,それらは,本当に恐る恐るでしかなかった.コンツェルンの利益が優先されるべきだという考え方が,広く支配的であった.

1937 年の AktG の §15 に初めてコンツェルンの定義が設けられた.しかし,コンツェルン法の包括的規律は,まだなかった.コンツェルン法は,個別の問題に限定されていた.コンツェルン化の特別の危険に対する保護は,相変わらず法典化されなかった.1945 年以後,「集中排除 (Dekonzentration)」によって経済が支配された.集中排除は,連合国の占領政策の一部であった.特別のセンセーションを巻き起こしたのは,IG Farben〔化学コンツェルン〕の解体・分割であった.もちろん,全体としてみれば,集中排除の影響はわずかであった.経済の興隆によって,再び,企業統合が増えてきた.それには,立法者にも責任があった.若干の租税法上の規律は,持続的にコンツェルンの形成を促進した.

2. 1965 年 AktG におけるコンツェルン法の法典化

これと並んで,コンツェルン法の包括的法典化 (Kodifikation) が必要だという確信がこの間に広く行き渡った.1958 年には,参事官草案が提出された.この草案が追及した目標は,事実上の企業結合と戦うことであった.そのために,コンツェルンの利益に優位が認められるのは,支配契約 (Beherrschungsvertrag) が存在する場合だけにしようとした.その意味は,支配契約だけが,従属株式会社の利益に反する指示を正当化できる,ということであった.事実上のコンツェルン

では，この種の業務執行を禁止しようとした．この基本的態度は，すぐさま非難された．それは，厳しすぎると見えた．これに対して，支持されたのは不利益の埋め合わせのモデルであった．これを，立法者は 1965 年の AktG に採用した．それは，§311 AktG で規定されている．これによれば，事実上のコンツェルンでも，従属株式会社に不利な指示が許される．しかし，この不利は埋め合わせされなければならない．

3. その後の発展

この次の時期では，コンツェルン法は，個別の点についてだけ改正された．挙げなければならないのは，1994 年の組織変更法の問題処理のための法律（Gesetz zur Bereinigung des Umwandlungsrecht）である．この法律は，§§293a-293g AktG を挿入した．これらの規定は，企業契約の締結に関して報告および検査義務を規定している．2001 年にこれよりは大規模のコンツェルン法の最後の改正が行われた．§§327a-f AktG が導入された．これらの規定には，いわゆる squeeze out の準則が含まれている．この準則によれば，ある株式会社に 95％の持分を保有する主要株主は，少数株主の株式を取得することができる．少数株主は株式会社から追い出されるが，しかし，その見返りに補償金を受取る．

III. コンツェルン形成の理由

コンツェルン形成の理由は，通常は経済的性質のものである．個別の企業は，それぞれが有する資源を一つに束ねることができる．それによって，生産過程は合理化される．とりわけより豊富な内容の商品を供給することができる．それによって，コンツェルンは市場の変動に柔軟に対応することが可能になる．さらに相当の相乗効果も生ずる可能性もある（スローガン「1＋1＝3」）．最後に，すべてのコンツェ

ルン構成部分が一つの目標のために働くのである．

大きな影響力を税法ももっている．租税上の機関という考え方によって，コンツェルンは，一体的に課税される．コンツェルン構成部分の利益は，親会社においてだけ把握される．したがって，個別の企業自身は，その利益のために追加的に納税する必要はない．しかし，一つの問題がまだ未解決のままである．個別の企業にその独立性を残しているのは，なぜなのか．経済的一体性は，合併によってもやはり可能だというのに．

これに関しても，理由は非常に多種多様である．とりわけ責任法上は，コンツェルンは合併に対して有利である．なぜなら，それぞれの企業はそれ自体行為能力を有し，したがって，独立して責任を負う．コンツェルン全体が把握されることはない．それゆえ，特にリスクのある，したがって責任をはらんでいる企業の分離は，意味がある．

さらに，力関係も役割を果たす．2つの株式会社が合併するためには，株主総会で代表される基礎資本金の3/4の特別多数が必要である，§65 Abs.1 UmwG 参照．コンツェルンを形成するためには，割合はもっと低い．一方の企業が他方の会社の資本の51％を保有すれば，十分である．この単純多数だけで，（これから）従属する株式会社に対する支配的影響力を行使することを可能にするのである．

IV. 企業集中の問題性

独立した株式会社の特徴は，取締役会，株主および債権者の利益の並行である．これら3つの利益は，会社の利益を共通に目指すことによって，結び付けられる．大まかに言えば，3つの人的グループすべてにとって，「彼らの」株式会社が働いて経済的に成功することが重要である．

コンツェルンでは，この利益の並行関係が，もはやそれだけで保障

A　コンツェルン法

されるわけではない．個別会社の利益は，後退する．取締役会にとっての行為の基準は，したがって，もはや「自分の」株式会社の利益ではない．個別株式会社は，コンツェルン全体の目標値に統合される．取締役会の行為の基準は，それゆえ，**コンツェルンの利益**である．もちろん，これは重大な危険を生み出す．結局多数派社員は，その指導力をもって従属的株式会社を完全にその利益に従わせることができる．それは，従属的会社がなおざりにされ，それどころか── 一定の限界内で── 危害が加えられるところまで行く可能性がある．契約コンツェルンの場合には，これがはっきりと現れる．§308 Abs.1 S.2 AktG によれば，支配的企業は従属的株式会社に不利益となる指示さえ与えることができる．たとえば，子会社を強制して，著しく安い価格でコンツェルンの親会社に納入させることができる．その上，実際には，財務管理が個別の会社から奪われるのも頻繁である．この場合には，中央のキャッシュ・マネージメント（Cash-Management）が設けられる．その意味は，コンツェルンの親会社が企業結合体全体のための財務を組織することである．もちろんその結果，重大な危険が生ずる．最後には，一方での債権者と少数株主の利益，そして他方での支配企業の利益が真っ向から対立することになる．

　この危険に対して，一般会社法は相当程度無力である．理由は，AktG は独立の株式会社をモデルとしているからである．コンツェルン法は，この保護の空隙を埋めようとする．コンツェルン法は，このために一定の組織規範と保護規範を提供する．こうして，一方では，コンツェルン形成は，一定の要件を備えた場合に認められる．この領域は，**コンツェルン形成コントロール（Konzernbildungskontrolle）**という．ここでは，すでにコンツェルン形成の段階でコントロールを行うことによって，保護が繰り上げられている．これに対して，コンツェルンが有効に成立すると，コンツェルン指導コントロール（Konzernleitungskontrolle) の準則が働く．これらの準則は，上で挙げたコンツェルンの利益衝突がどのように調整できるかの問題に関わる．より広い保護をさまざまな報告義務が作り出そうとしているが，これらの義務は，§§20-22 AktG に見出される．

V. 「企業」および「従属」の概念

§§15ff. AktG は，コンツェルン法総則を内容としている．そこでは，たとえば「コンツェルン」は中心概念ではない．それは，企業結合の多くの形式の一つにすぎない．コンツェルン法の適用可能性と射程を決めるのは，「企業（Unternehmen）」と「従属（Abhängig-keit）」という概念である．この両概念に中心的意義が与えられる．

1. §§15ff AktG の意味する企業

コンツェルン法は，結合した企業の法である．それゆえ，企業だけがコンツェルンを形成することができる．したがって，企業概念が決定的重要性をもつ．それにもかかわらず，立法者は AktG では何らかの定義を与えることを放棄した．定義は，他の法律からももってくることはできない．なぜなら，他の法律でも，企業概念は統一的に用いられていないからである．それゆえ，法素材に応じてこの概念は異なった内容をもつ．しかしながら，この間に，判例と学説はこの概念を具体化した．

定義の出発点は，コンツェルン法の意味と目的である．したがって，**目的論的企業概念（teleologischer Unternehmensbegriff）**とも言う．そこでBGHは，次の公式を用いる．支配企業とは，株式会社の社員であって，そこで株式会社に対する持分権にプラスして株式会社外でのより広い経済的利益拘束（wirtschaftliche Interessenbindung）が認められるもの，すべてである．この場合にある憂慮は，社員がこの経済的利益をより高く評価し，その株式会社への影響力をこの会社の不利

A コンツェルン法

になるように用いることである．企業チャンスの移転は，この場合，取り分けて懸念しなければならない．

完全には説明されていないのが，株式会社外での利益拘束がどの程度強いものでなければならないかである．BGH の出発点は，第2の会社の盛衰に影響を与える可能性があることで十分だ，ということである[3]．それゆえ，コンツェルン法の保護目的を考慮すれば，広い解釈が支持される．しかし，いずれにせよ，株式会社の外にあって，過半数持分権を有していれば，十分である．

この目的論的概念規定は，射程の広い結果をもたらす．この概念規定に伴って，個人としての自然人もコンツェルン法で言う「企業」になりうる[4]．これはたとえば，個人が会社の外でも企業家として活動している場合である．この主たる適用事案は，個人商人の活動である．

さらに公共機関も，支配企業と性質決定することができる．このことを，BGH は，VEBA/Gelsenberg 判決において明らかにした[5]．とりわけ，公法が私法に対してなんらの優位も享受しない．国家が経済的に活動するときは，国家もまたコンツェルン法を遵守しなければならないのである．

2. 従 属

コンツェルン法で格別の重要性を有するのは，従属という概念である．§17 Abs.1 AktG によれば，ある企業が従属的だといわれるのは，別の企業がこの企業に対して直接または間接に支配的影響力を行使できる場合である．この別の企業のことを法律は支配企業（herrschen-

---

[3] BGHZ 135, 107 (113) „VW".
[4] 基礎となるケース，BGHZ 95, 330 „Autokran".
[5] BGHZ 69, 334 „VEBA/Gelsenberg".

des Unternehmen）と呼んでいる．従属とは，支配の対応物である．ある企業がこの意味で支配的であるかどうかの判断は，**影響力行使の可能性**だけが基準となる．それゆえ，実際に支配的影響力が行使されたことは，是非とも必要であるわけではない．このことを，§17 Abs.1 AktG の文言（「支配的影響力を行使することが<u>できる</u>」）が証明している．しかし，もちろん，どんなものであれ，影響力行使が漠然と可能だというのでは，十分ではない．組織的に確保された手段があり，それが支配企業に従属会社に自己の意思を押し付けることを許すのでなければならない．これが起こるのは，ある株式会社が他の会社による過半数所有を受けている場合である．なぜなら，この場合には，株主総会を媒介にして，株式会社に対して強い影響力を行使できるからである．この結果，立法者はこの場合について推定準則を規定した．これは，§17 Abs.2 AktG に規範化されている．すなわち，別の会社の過半数所有にある企業は，この別の会社に従属的であると推定される．

従属概念の中心的役割は，数多くの法律効果によって強調されている．たとえば，§18 Abs.1 S.3 AktG は，この概念にコンツェルンの存在の推定という効果を結び付けている．§§311-318 AktG は，契約コンツェルン以外の従属企業の保護のために特別にあつらえられたものである．他の法律でも，この概念は見出される．たとえば，§36 Abs.2 S.1 GWB である．

VI. 企業結合のさまざまな形式

§15 AktG には，企業結合のさまざまな形式が列挙されている．これには，順に以下のものが数えられる．過半数所有にある企業（§16 AktG），従属および支配企業（§17 AktG），コンツェルン企業（§18 AktG），持分持ち合い企業（§19 AktG），および，§§291，292 AktG

の意味の企業契約の契約当事者である．唯一，組込み（Eingliederung）だけが，§15 AktG に挙げられていない．それは，§§319ff. AktG で規律されている．

VII. 契約コンツェルン

　§§291, 292 AktG は，その締結によって契約コンツェルン（Vertragskonzern）が成立する企業契約の種類を限定列挙している．支配契約（Beherrschungsvertrag）および利益払込契約（Gewinnabführungsvertrag）は，最も重要な現象形式である．税制上の理由から，両契約は，頻繁に一緒に締結されている．

　企業契約（Unternehmensvertrag）は，通常の交換契約とは著しく異なる．この契約は，会社の組織構造に影響を与える．したがって，コンツェルン法には組織法的構成要素もある．それは，支配契約の例に即して特に明らかになる．支配契約によって，従属株式会社はその経営を他の企業に従わせる（§291 Abs.1 S.1 Alt.1 AktG 参照）〔Alt.: Altanative（選択肢）〕．その実現のために，支配企業は包括的指示権を取得する（§308 AktG）．この指示に，従属企業は従わなければならない．これは，指示が従属企業の利益にとって不利になる場合ですら，認められる．支配企業は非常に大きな力行使の地位を得る．支配企業は，配下の会社を完全に企業結合の目標に向かわせることができる．従属会社，その債権者およびその社員の危険は，特に重要である．これに対して，§§308ff. が対応している．したがって，ここにはコンツェルン法の保護法としての性質が示されている．

VIII. 事実上のコンツェルン

　事実上のコンツェルン（faktische Konzern）は，私的自治的な決定に基づくものではない．複数の企業の結合は，事実上の状況が条件となっている．この通常の場合は，§17 AktG の意味の過半数持分であ

る.したがって,契約によって設けられたのではない,単純な従属しかない.これが契約コンツェルンとの違いになる.

事実上のコンツェルンは,契約コンツェルンの場合ほどの広範な影響を従属会社に及ぼすものではない.支配会社は,なんらの経営権も取得しない.したがって,§76 Abs.1 AktGの原則のままである.すなわち,従属会社の取締役会は,会社を自己の責任において経営する.それゆえ,その組織構成は,事実上の従属によって変更されない.それにもかかわらず,支配企業は,影響力を行使する.とはいえ,従属株式会社の取締役は,この措置を実現する義務を負っていない.この取締役会は,たしかに,支配会社の考えを実現することはできるが,しかし実現する義務はない.とりわけ,不利益を与える影響力行使は,事実上のコンツェルンでは,原則として禁止されている.例外が認められるのは,§311 Abs.1 AktGによってであり,不利益の埋め合わせが行われる場合だけである.不利益の埋め合わせが行われない場合には,§§317, 318 AktGが厳格な責任準則を用意している.それゆえ,従属株式会社の財産利益は,特別の保護を受けるのである.

● B ● 組織変更法

I. 組織変更法の規律対象

会社の法形式は,自由に選択できる.その際,発起人は一定のモチーフに導かれている.時間の経過と共に,一定の法形式を選択するに到った状況が変化することもある.企業の法的構造は,この変化に適合させなければならない.場合により,これには会社契約の単なる変更で十分である.会社を完全に新しく作り上げることが必要になる場合もある.この場合に,法形式の変更が考慮に入ってくる場合もある.資本需要が増してくれば,株式会社への組織変更は,意味をもってく

るであろう.

「法の衣」の交替と並んで,構造転換の別の場合も考えられる.企業政策から見て,たとえば,複数の企業を一つにまとめることが必要になる場合がある.しかし,この反対の場合も見られる.この場合には,一体の企業が複数の部分に分割される.

これらの場合すべてが,組織変更法の対象である.企業は,常にその同一性を保持する.ただ,それが営まれる法形式は,変化する.

II. 1994年の組織変更法

組織変更法の第一の法源は1994年10月28日のUmwG〔組織変更法〕である.とはいえ,この法律編纂の前からすでに企業の組織変更のさまざまな形式が知られていた.たとえば,株式会社の合併は,1884年にADHGB〔ドイツ一般商法典〕に受け入れられた.法形式の変更も認められていた.GmbHG〔有限会社法〕では,たとえば,株式会社の有限会社への組織変更が規律されていた.しかし,全体的に見れば,組織変更法は,多くの個別の法律に散らばっていた.この全体を見通すことができない状況を,UmwGが終了させた.この法律は,体系的に関連する複数の領域を一体のものにした.したがって,組織変更法の完結的な編纂物が作られた.合併と分割は,ヨーロッパ共同体委員会の指令の影響を受けている.

III. 組織変更法の体系

UmwGは,組織変更の4つの場合を認めている.すなわち,合併,分割,財産移転,および,形式変更である.他の種類の組織変更も,それが法律によって規定されていれば,許される,§1 Abs.2 UmwG.したがって,組織変更の場合は限定列挙である.組織変更は,UmwGの他には,HGBが認めている.たとえば,民法上の組合から,それが営利活動を行えば,合名会社が成立する.法的根拠は,§§105

Abs.1, 1ff. HGB である.

　UmwG は，際立った参照指示のテクニックを用いている．4つの組織変更形式のいずれにも先立って，まず，すべての法形式に適用される準則が定められている．引き続いて特殊な規範が来る．これらの規範には，それぞれの法形式のための修正が含まれている．たとえば，§§60 UmwG は，株式会社が関与する合併を規律している．

　企業の組織変更の理由は，さまざまである．それは，経済的または技術的進歩の場合もある．それは，SAP〔ソフトウェア企業〕の場合に観察することができた．資本需要が増したために企業が有限会社から株式会社へと組織変更した．こうすることで，必要な財産を資本市場から調達できたのである．合併は，たとえば，さまざまな資源を一つに束ねることを目的とする場合がある．それは，さらに経済力を高める．この関連では，〔製鉄業の〕Thyssen と Fried. Krupp AG が合併して Thyssen-Krupp ができたことだけを考えればよいであろう．これに対して，分割は，企業の規模を縮減する．これは，たとえば，USA の AT&T〔通信企業〕で行われた．

● **第 9 章チャート：資本市場法およびヨーロッパ法との関係** ●

I. 資本市場法

資本市場法の規律対象は，資本市場の規律およびコントロールである．

最も重要な資本市場法の道具は，以下のものである．

1. 目論見書強制と目論見書責任
   - ▶ 目的：投資製品についての投資家への情報提供
   - ▶ 適用領域：公衆に対して提供されること，または，組織市場での取引を許可されることを意図する有価証券（§1 Abs.1 WpPG）
   - ▶ 規律内容：関連するすべての情報を理解できる形式でまとめる．違反：目論見書作成者および有価証券発行者の責任
2. 有価証券取引法 (WpHG) の諸規律
   - ▶ インサイダー取引の禁止（§14 WpHG）
   - ▶ 公示義務（§15 Abs.1 S.1 WpHG）
   - ▶ 透明性要件（§§21ff. WpHG）
3. 投資法
   - ▶ ファンド財産の規律
4. 買収法
   - ▶ ある企業に対するコントロール取得を目的とする，株式取得の公開申込みに関する規律

II. ヨーロッパ法との関係

1. 指令による法の同化
   - ▶ 公示指令
   - ▶ 資本保護指令
   - ▶ 貸借対照表指令
2. ヨーロッパ会社
   - ▶ 新しい法形式
   - ▶ 目的：ヨーロッパ大の経済活動の容易化
3. 外国株式会社の承認

第9章

資本市場法およびヨーロッパ法との関係

資本市場法との関係

◇文献◇Kübler, Friedrich/ Assmann, Heinz-Dieter, Gesellschaftsrecht, §32; Wilhelm, Jan, Kapitalgesellschftsrecht, Abschnitt G (S.263ff.); Kapitalmarkt im Wandel (Hrsg. Dieter Pfundt und Rüdiger von Rosen), Frankfurt a. M. 2008.

●A● 序　論

　株式会社は，自己資本を調達したいと思う企業にとって相応しい法形式である．その理由は，その持分，つまり株式が取引可能だということである．したがって，株式会社は，「**資本集積所（Kapitalsammelstelle）**」とも呼ばれるのである．経済全体から見れば，この効果は望ましい．企業から見れば，自己資本金融には，信用貸付による他者資本金融に対比して複数の利点がある．すなわち，信用貸付は，通常リスクのある事業のためには行われない．これに対して，自己資本は，高い利回りが刺激となって，このような事業のためにも取得することができる．その上，あまりに高い利子負担は，経済的に弱い時期には，企業の自己資本を急速に使い尽くさせ，企業を倒産に追い込むこともある．市場の反対側にいる者，すなわち投資家にとっても，株式の取得は魅力的である．すなわち，投資家は，確定金額の投資に対する，たいていの場合は相対的に低い利息に甘んずる必要はなく，企業に対する投資によってより高い利回りを獲得することができる．最後に，

A 序論

機能する資本市場は，国民経済から見ても重要である．すなわち，このような市場の機能の結果，可能な限りで最善の資源配分になる．金銭は，もっとも必要なところ，したがって最も高い利回りを獲得できるところに流れるのである．

たった今挙げた活発な資本市場の利点は，すでにその危険も示唆している．危険をはらんだ投資は，損失を産み出す可能性があり，それは経済上すべてを失ってしまうことにもなりかねない．その顕著な例は，2000年—2002年の新市場（Neuer Markt）の破綻である[1]．したがって，資本市場はコントロールされなければならない．これは，投資家保護の目標に適うものであるとともに，最適な資源配分という国民経済的利益にも合致するものである．

この課題は，資本市場法（Kapitalmarktrecht）に属するものである．資本市場法は，比較的新しい法分野である．1990年代以降になってはじめて，ドイツでは独立の資本市場法ができたということができる[2]．その創設の主たる動因は，EC法の基準であった．ECの基準は，すでにAktGにあった保護規定を補充し，拡張した．その場合，資本市場法の上位原理は，公示〔公開性〕（Publizität）の原則であった．投資家は，意味ある十分な情報によって合理的な決定を下すことができる，という原則である．資本市場法の中心的法源は，有価証券取引法（WpHG）である．その他に資本市場法の規律があるのは，とりわけ，有価証券目論見書法（WpPG），有価証券買収法（WpÜG），

---

[1] NEMAX 50（新市場指標（Neuer Markt Index）50銘柄）の指標は，その最高時の9,666ポイントから，31ヵ月後に318ポイントに下落した．NEMAX 50は，この時点で，その価値の96%，約2,000億ユーロを失った．数多くのNEMAX企業が倒産の申立てを行った．
[2] それ以前は，投資家保護規定は，もっぱら株式法および取引所法に含まれていた．

第9章 資本市場法およびヨーロッパ法との関係

取引所法（BörsG），投資法（InvG），有価証券販売目論見書法（Verk-ProspG）等である．最も重要な規律領域は，無論ここでは断片的にしか示すことができないが，以下のものである．すなわち，

- 目論見書強制と目論見書責任
- WpHGのインサイダー取引に関する規定，および，公示と透明性のための規定
- 投資法，ならびに，
- 買収法である．

しかしながら，これに先立って，ドイツの資本市場の仕組みについての概観を与えることにしよう．

● B ● ドイツ資本市場の概観

資本市場は，――短期金融市場，外国為替市場，および，先物またはデリバティブ市場と並んで――金融市場（Finanzmarkt）の構成要素である．区別しなければならないのは，資本市場法上の一次市場（Primärmarkt）と二次市場（Secunddärmarkt）とである．一次市場では，資本投資に対して持分権が発給される．一つの例が，株式の発行である．二次市場では，すでに発給された持分権（たとえば，株式）が取引される．最も重要な二次市場は，取引所（Börse）である．もう一つの区別の基準として，組織化の程度をもち出すことができる．組織化の程度が最高なのは，取引所である．取引所にリストアップ〔上場〕されたいと思う者は，一定の要件を満たし，一定程度のコントロールに服さなければならない．これに対して，コントロールがより少ないのが，いわゆる「灰色」資本市場である．これは，市場外での持分権の売却形式である．その代表例は，閉鎖的不動産ファンド（geschlossener Immobilienfonds）〔通常は，個別のプロジェクトに融資

するために設定される．必要な資本が払込まれれば，ファンドは閉鎖され，その後の払込み・払出しは直ちに不可能となる〕である．灰色資本市場でのオファーは，特にリスクがあり，いかがわしい場合もある．

取引所市場をより詳細に考察すれば，ドイツの BörsG〔取引所法〕は，ここでも2つの市場を区別している，すなわち，規制市場（regulierter Markt）と自由取引（Freiverkehr）（フランクフルトの取引所では，オープン・マーケットと呼ばれている）である．規制市場は，組織化の程度が自由取引よりも高度である．資本市場法の規定では，往々にして，組織市場（organisierter Markt）と非組織（取引所外（außerbörslich）[3]）市場（nicht organisierter Markt）とが区別される．組織資本市場は，§2 Abs.5 WpHG において法定の定義が与えられている．重要なことは，組織市場が「国家当局によって承認され，規制され，監視されている多角的システム」でなければならない，ということである．ドイツでは，取引所の規制市場は，組織市場である．これに対して，市場の自由取引，および，取引所外の取引は，組織市場には入らない．

● C ● 目論見書強制と目論見書責任

I．序　論

資本市場法の中核領域は，投資商品についての潜在的投資家に対する発行者の情報提供義務（いわゆる**販売公示（Vertriebspublizität）**）である．今日一般に普及している法律は，このために，目論見書の作成義務（目論見書強制（Prospektzwang）），および，記述の欠如または瑕

---

[3]　店頭取引（Over-the-counter; OTC）とも言う．

疵に対する責任（目論見書責任（Prospekthaftung））を規律している．この規律領域は，過去100年間の間に次第に発展してきた．販売公示は，1896年のBörsGでは，株式会社と株式合資会社にだけ関係するものであったのに対して，適用領域は時代の進展とともに拡張してきた．この発展において非常に興味深いのは，立法と判例の協力関係である．判例は，一般法である民法の目論見書責任を発展させることによって，この領域の継続的発展に重要な寄与をした．

II．適用領域

今日，たいていの投資形式は，目論見書強制と目論見書責任に服する．このための中心的法律は，有価証券目論見書法（WpPG）である．この法律が適用されるのは，§1 Abs.1 WpPGによれば，「公衆に対して提供されること，または，組織市場での取引を許可されることを意図する有価証券」[4]である．例外は，§1 Abs.2 WpPGに列挙されており，最も重要な例外は，投資会社および投資株式会社に関する（Nr. 1）．しかしながら，これらの投資会社は，特別法上の目論見書強制（§121 InvG）〔投資法〕および特別法上の目論見書責任（§127 InvG）に服する．有価証券でない投資は，§8f Abs.1 VerkProspG〔有価証券販売目論見書法〕による目論見書強制に服し，責任については，§13 VerkProspGによりBörsGが準用される．

III．規律内容

目論見書となるために必要な**内容**は，§§5-8WpPGから明らかにな

---

(4) §1 Abs.1 WpPGの言う有価証券とは，「市場で取引することができる」投資である．§2 Nr.1 WpPG．したがって，決定的なのは，代替可能性（Fungibilität）であって，証券化が決め手になるのではない．

C 目論見書強制と目論見書責任

る[5]. 一般公衆が発行者の財務状況, および, 有価証券に結合した権利についてイメージを作り上げることができるすべての情報が, その内容となっていなければならない, §5 Abs.1 WpPG. 目論見書は, 特に「容易に分析でき」,「理解できる」ように表現されなければならない. 目論見書の内容には, 3つの部分がなければならない. すなわち, 発行者についての記述, 有価証券についての記述, 短いまとめ, である. これらの3つの部分は, 分離して公表しても, 一緒にまとめてもよい. 公表前に目論見書は, §13 WpPG に従って, 連邦金融サービス監督機構 (Bundesanstalt für Finanzdienstleistungsaufsicht; BaFin) の承認を受けなければならない. その後に公表がなされるが, それは, §14 WpPG に規律されている.

目論見書責任について基準となる規範は, §§44-47 BörsG である. これらの規定が直接適用になるのは, 規制市場での有価証券の許可がある場合に限られる. 取引所の自由取引での有価証券の許可がある場合については, §§44-47 BörsG は, §48 BörsG の参照指示を介して適用される. 有価証券が取引所外で提供され, または, 有価証券ではない投資が提供された場合には, §§44-47 BörsG は, §13 Abs.1 VerkProspG の参照指示を介して適用される. 目論見書責任の名宛人は, 目論見書作成者と発行人であり (§44 Abs.1 BörsG), 記述の不正確および不完全について責任を負う[6].

---

[5] 有価証券ではない投資形式に関しては, §8g VerkProspG が目論見書の必要的内容を規律している.

[6] ここでは, やむをえないことながら, 複雑な規律を極めて短縮して再現せざるを得ない. この素材についての, 詳細な, しかし全体を概観できる入門的記述は, Kübler/Assmann, Gesellschaftsrecht, §32 VI が与えてくれる.

第9章　資本市場法およびヨーロッパ法との関係

● D ● 有価証券取引法（WpHG）の諸規律

有価証券取引法（WpHG）は，ドイツ法においては，資本市場法の中心的道具と評価されている．この法律が規律しているのは，とりわけ，資本市場監督の組織（§§4-11 WpHG），インサイダー監視（§§12-16b WpHG），公示規定（§§15, 15a WpHG），透明性規定（§§21-30 WpHG），および，行動準則（§§31-37a WpHG）である．以下では，例としてインサイダー取引，ならびに，公示および透明性規定を取り出して説明する．

I．インサイダー取引

インサイダー取引という概念で理解しているのは，公表されていない情報を有価証券取引（Effektenhandel）において利用することである[7]．その例を1つ挙げれば，経営者が自己の企業についての情報を公表前に受け取り，その結果株式を取得し，または，譲渡する場合である．インサイダー取引の結果，小さなグループの人々（「インサイダー」）が，そのもっている情報の優位のゆえに他の投資家の犠牲の上に平均以上の利益を獲得することができる[8]．ドイツにおいては，法的に拘束力のあるインサイダー取引の禁止は，ようやく1994年以降のことである．

§14 WpHGによって禁止されているのは，自己の株式取得のためにインサイダー情報を利用すること[9]，および，この情報を他に流し，

---

(7) Effektenとは，有価証券（Wertpapiere）のためのもう一つの概念である．
(8) 個別的には，とりわけ経済の視点から，インサイダー取引がそもそも禁止されなければならないのかどうか，争われている．それにもかかわらず，インサイダー取引の禁止は，今日では，高度に発達した資本市場の構成要素である．
(9) 自己の計算で行う場合も，他人の計算で行う場合も含む．

D　有価証券取引法（WpHG）の諸規律

この情報に基づいて第三者に推奨することである．インサイダー情報（Insiderinformation）とは，§13 WpHG によれば，インサイダー証券またはその発行者についての情報であって，当該証券の取引所価格または市場価格に相当の影響を与えるのに適した情報である．インサイダー証券（Insiderpapiere）となるのは，§12 WpHG によれば，組織市場で取引される金融手段だけである．§14 WpHG 違反は，違反の重さの程度に応じて，刑罰（§38 WpHG）〔最高5年以下の自由刑または罰金（最高180万ユーロ）〕，または，秩序違反罰（§39 WpHG）〔最高100万ユーロまでの過料〕の制裁を受ける．

II．公示規定および透明性規定

公示は，──上ですでに詳述したように──資本市場法の上位の基本原則である．このための手段として特に役立つのが，有価証券取引法（WpHG）の公示規定（Publizitätsvorschriften）である．§15 Abs.1 S.1 WpHG によれば，内国発行者は，自己に直接関連するインサイダー情報を遅滞なく伝達，すなわち公表しなければならない．この規定は，2つの機能を有している．すなわち，一方でこの規定の目的は**インサイダー取引の防止**である．インサイダー情報が遅滞なく公表されれば，「インサイダー」にはもはや情報の優位がなくなる．他方で，この規定は**有価証券市場の効率的情報提供**を保障しようとする[10]．

　透明性要件は，同じく投資家への情報提供に役立つ．この要件には，持分割合が，3，5，10，25，50，または75％に達した株主の報告義務が含まれる，§21 Abs.1 WpHG．これによって他の投資家に，誰

---

(10)　できるだけ完全な市場を実現するためには，できるだけ広範な透明性が必要である．企業自身，これらの情報を提供すれば，取引費用が最小になる．したがって，企業自身に──市場の相手方である投資家ではなく──情報調達を委ねることは，国民経済的にも意味がある．

がどの程度会社に対して影響力を行使できるかを知ることができるようにしよう，というのである．報告義務の相手方は，§21 Abs.1 S.1 WpHG によれば，発行者および連邦金融サービス監督機構（BaFin）である．手続の詳細は，§§21ff. WpHG に規律されている．

● E ● 投資法

投資法（Investmentrecht）の規律対象は，**投資財産（Investmentvermögen）**である．投資財産は，ファンド（Fonds）という名称でもっとよく知られている．投資家は，このファンドに参加することができる．ファンドの方でも，財産をさまざまな投資に分散する．中心的な法律は，投資法（Investmentgesetz; InvG）である．この法律には，内国投資財産の**構造**に関する規律，ならびに，内国および外国投資ファンドの投資持分の**販売**に関する規律が含まれている．

ドイツ投資法には，2つのタイプのファンドがある．一つのタイプは，いわゆる投資会社（Kapitalanlagegesellschaft; KAG）である．これは，§2 Abs.6 InvG によれば，金融機関であって，その主たる目的が内国投資財産の管理であるものである．投資会社は，特別財産（Sondervermögen）を設け，この特別財産は会社固有の財産とは法的に分離されていなければならない，§30 Abs.1 S.2 InvG．ここで投資家は，この特別財産の持分を取得することができ，この持分は持分証券として証券化される（§33 Abs.1 InvG）．往々にして，投資会社は保管銀行（Depotbank; 英 Custodian）と協働し，保管銀行は投資決定遂行の技術面を引受ける．もう一つのファンド・タイプは，いわゆる投資株式会社（Investmentaktiengesellschaft）である．これは「通常の」株式会社であって，その企業目的が財産投資であるものである．投資株式会社では，特別財産を設ける必要はない．

投資財産は、特別の要件を満たさなければならない。投資財産は連邦金融サービス監督機構（BaFin）によって監督される、§5 InvG. さらに、投資法（InvG）には投資持分販売のための特別の規定がある。有価証券目論見書法（WpPG）は、この限りで適用されない（上記「C. 目論見書強制と目論見書責任」も参照）。投資持分販売のためには、販売目論見書が作成されなければならない[11]。この目論見書は、§121 InvG によって、関心をもっている投資家に提供されなければならない。記述の欠如および不完全な記述については、§127 InvG によって、投資会社または投資株式会社、および、目論見書作成者が目論見書責任を負う。

●F● 買収法

資本市場法のもう一つの重要な規律領域は、買収法（Übernahmerecht）である。この法が規律する事案は、ある買い手が日々の相場よりも高い価格である会社の持分の取得を公開で申込み、これによって企業に対するコントロールを取得しようとする場合である（買収申込み（Übernahmeangebot）、「株式公開買い付け（tender offer, takeover bid, TOB）」）。買収申込みは、標的企業と同意の上で行う場合もあり（「友好的（freundlich）」買収）、また、標的企業の意思に反して行われる場合もある。この場合を、敵対的（feindlich）買収と言う。買収法の規律は、有価証券買収法（Wertpapierübernahmegesetz; WpÜG）で行われている。

有価証券買収法は、有価証券取得申込み、買収申込み、および、義

---

(11) この場合、ファンドのタイプおよび内容に応じて、目論見書に求められる要件は異なる、§§42, 117 InvG 参照.

務的申込みを区別している．有価証券取得申込み（Wertpapiererwerbsangebot）とは，標的会社の有価証券の取得を目的とするすべての申し込みのことである，§1 Abs.1 WpÜG．買収申込み（Übernahmeangebot）と言うのは，有価証券取得によって企業に対するコントロールを獲得しようとする場合である，§29 Abs.1 WpÜG．この場合「コントロール」とは，標的会社の議決権の30％以上の保有である，§29 Abs.2 WpÜG．買収申込みは，常に標的会社のすべての株式を対象として行われなければならず，そうでなければ許されない，§32 WpÜG．ある者がある企業のコントロールを獲得した場合，すなわち，持分の30％の壁を越えた場合，しかもこの獲得が買収申込みに基づくものではなかったときには，この者は義務的申込み（Pflichtangebot）を行わなければならない，§35 Abs.2 S.1 WpÜG．この者は，他のすべての株主に対して（標的会社自身が保有する株式は例外として）その持分の取得の申込みを提示しなければならない．

買収申込みの手続の経過は，幾つかの段階に分かれる[12]．**申込事前段階（Vorangebotsphase）**では，買い手は申込みをしたいという決定を公表し（§§10 Abs.1 S.1, 34 WpÜG），標的企業に伝えなければならない（§§10 Abs.5 S.1, 34 WpÜG）．これに続いて，**申込段階（Angebotsphase）**が来る．買い手は，いわゆる申込基礎書類を作成しなければならない．この書類には，§11 Abs.2 WpÜGによって，申し込みについての状況を知った上で決定できるために必要なすべての記述が含まれていなければならない．申込基礎書類の公表は，連邦金融サービス監督機構（BaFin）の許可を受けなければならない．この公表

---

(12) 有価証券取得申込み，買収申込み，または義務的申込みによって，詳細には違いがあるが，ここではそれは論ずることができない．概観を与えるものとして，Kübler/Assmann, Gesellschaftsrecht, §32 VII.

によって，**承諾段階（Annahmephase）**が始まる．株主は，今や，買い手の申込みを承諾するかどうか決定することができる．加えて，他の買い手が登場することも可能で，この場合には一種のオークションが行われることになる．買い手または複数の買い手は，通常，現状についての情報を公表しなければならない．申込期間の終了によって，**申込事後段階（Nachangebotsphase）**が始まる．買い手は，申込みの結果を公表しなければならない，§23 Abs.1 S.1 Nr.2, 3, Abs.2 WpÜG参照．申込みが承諾された場合には，続いて給付と反対給付が提供されなければならない．

ある会社に「敵対的買収」の脅威がある場合には，この会社は買収に対する防御措置を講じようとする．標的会社の取締役会には，§33 Abs.1 WpÜGによって，防御を目標とする措置を取ることが原則として許されない．しかしながら，これは厳格な中立義務を意味するものではない．競争的申込みを追及することは許される．監査役会の同意（§33 Abs.1 WpÜG a. E.〔am Ende 末尾〕），または，株主総会による事前の授権によって（§33 Abs.2 WpÜG）積極的な防衛措置も許される．積極的防衛措置には，とりわけ，態度表明や広告キャンペーン等による株主の影響力行使も入る．

◇ ヨーロッパの影響下の株式法

◇文献◇ Aktienrecht im Wandel (Hrsg. Walter Bayer und Mathias Habersack). Band II, Grundsatzfragen des Aktienrechts, Tübingen 2007, 2. Kapitel.

ヨーロッパ法がドイツ株式法に影響を与えるルートは2通りある．すなわち，一方で各国国内法秩序の同化（Angleichung）である．これは，指令（Richtlinie; 英仏 directive）の発布によって行われる．他方で，新しい会社法上の構造物が創設される．その1つが，ヨーロッ

パ会社（societas europea; SE）である．ヨーロッパ会社は，最初の超国家的株式会社である．両方の措置とも，ヨーロッパ共通域内市場の形成に役立つものである，Art.3 Abs.1 lit. h EGV〔ヨーロッパ共同体条約第3条第1項h〕参照．ヨーロッパレベルの基本的自由を考慮しても，法の同化は是非とも必要である．そのことは，居住の自由（Art.43 EGV）および資本流通の自由（Art.56 EGV）から明らかになることである．したがって，共通市場の機能性は，国内会社法の調和（Harmonisierung）と密接に噛み合わされている．

● A ● 指令による法の同化

ヨーロッパ委員会〔ヨーロッパ共同体・連合の執行機関〕は，各国の国内会社法秩序を指令によって常に同化させてきた．これらの指令の影響は，ドイツ会社法全体に及んでいる．資本市場法も組織変更法も，一部調和させた．これらの分野は，ここでは説明することができない．ここでの関心事は，株式会社への影響だけである．

始まりは，1968年の**公示指令（Publizitätsrichtlinie）**である．この指令が規律した問題は，いかなる記述が商業登記簿に託されなければならないかであった．この指令によって，ヨーロッパ共同体全体にわたって，商業登記簿による公示の原則が設けられた．ドイツ株式会社法（AktG）に対しては，この指令はほとんど影響を与えなかった．逆に指令の採用した多くの基準が，ドイツの規範に沿って作られた．

資本保護指令[13]（**Kapitalschutzrichtlinie**）も AktG を決定的に変更するものではなかった．この指令の目標は，資本保護を構成各国で同等なものにすることであった．資本充実および資本維持の原則，なら

---

(13) 1976年構成国会社法同化のための第2指令．

びに最低基礎資本金の要件が，ヨーロッパ共同体に導入された．これらの準則は，ドイツ法に決定的に依拠するものであった．現在では，この資本保護指令の規制緩和が計画されている．

これに対して，ドイツ株式法に重大な影響を与えたのが，**貸借対照表指令（Bilanzrichtlinie）**[(14)]である．この指令は，計算の統一という目標を追及した．ドイツの立法者は，この指令に応じて，§§238-341o HGB の貸借対照表法をまったく新たに規律した．この改正は，株式会社の年度決算書にも関係している．1989 年の一人会社指令（Einpersonengesellschaftsrichtlinie）は，暫定的な決着である．この指令によって，1 人でも株式会社を設立できることが明確にされた，§2 AktG 参照．

将来的には，委員会はとりわけ株主保護を改善したいと思っている．資本市場に対する株主の信頼を再生しようという狙いである．その中には，取締役会メンバーの報酬に関する勧告も入っている〔ドイツでも，ヨーロッパでも，取締役会メンバーの高額の報酬には批判が集まっているようである．一番高いポルシェのように，オーナー経営者の場合は問題ないとしても，お雇い経営者の場合には，強い批判がある．授業では，高額の報酬の根拠は何かということをめぐって，学生との間で議論が行われた〕．いずれにせよ，これは上場株式会社にしか関わらないことである．

●B● ヨーロッパ会社

ヨーロッパ株式会社というものを創設しようとする努力は，1970 年に遡る．2001 年に突破が成功した．ヨーロッパ会社規則（SE-

---

(14) 1978 年構成国会社法同化のための第 4 指令．

第9章 資本市場法およびヨーロッパ法との関係

Verordnung)〔Verordnung（VO）は，英語の regulation にあたり，EU 理事会で立法すると，国内法化する必要なく，直接効力をもつ〕は，ヨーロッパ会社の構造を規律する．補充的に，1つの指令が被用者共同決定の問題を扱っている．ヨーロッパ会社（SE）の法は，まずはこの規則（VO）から生ずる．これに，構成国の指令を国内法化した法律が付け加わる．さらにオープンになっている空隙を，それぞれの国内株式法の参照指示が埋める．この結果，はっきりとした違いが出てくることになった．たしかに，指令はある程度の同質性を作り出している．それにもかかわらず，たとえばドイツの株式法とイギリスの株式法は大きく異なっている．極論すれば，唯一つのヨーロッパ会社ではなく，多様なヨーロッパ会社が作り出されたのである．

ヨーロッパ会社の狙いは，企業がヨーロッパ全体に渡って経済的に活動することを容易にすることである．それまでは，持株会社と子会社のネットによってしか，これは実現できなかった．このネットを作り上げなければならないということは，大きな障害であった．ヨーロッパ会社はこの問題を解決しようとする．

ドイツでは，ヨーロッパ会社はまさに歓迎されている．とりわけ，BASF（化学），Allianz（保険），ポルシェ（自動車）および Freseinus（健康産業）はヨーロッパ会社を作った．SAP（ソフトウェア）は，その導入を計画している．

ヨーロッパ会社の設立は4つの成立態様に限定される．以下の通りである．すなわち，

1. 2つ以上の株式会社の合併，
2. 複数の資本会社による共通の持株ヨーロッパ会社の設立，
3. 複数の資本会社による子ヨーロッパ会社の設立，または，
4. 株式会社のヨーロッパ会社への組織変更，である．

以上の場合に，その他に2つの要件が常に満たされなければならな

い．EUの2つ以上の構成国に関係していなければならない．したがって，合併による設立の場合，2つの株式会社は別々の構成国に所在するのでなければならないことになる．

　ヨーロッパ会社（SE）の基本は，ドイツ法の株式会社（AG）に対応する．SEは独自の法人格を有し，社員は個人として責任を負うことはなく，その基礎資本金は株式に分割される．これに対して，基礎資本金はAGよりもより高い．120,000ユーロ以上でなければならない．

　重大な違いは，組織構造にある．SEの構造は，AGの構造よりもはっきりと柔軟である．SEの発起人は，2つの構造の中から自由に選択することができる．つまり，**二元的システムか，それとも，一元的システムか**の選択である．前者はドイツの株式会社に対応する．監査役会と取締役会は，依然としてそれぞれ独立の機関である．一元的システムは，英米法地域から知られたものである．それは，ボード・システム（board-system）とも称される．このシステムには，唯一つの執行機関しかなく，それが同時に経営と監視の権限をもつ．この選択の自由によって，SEの受容可能性を高めようというのである〔ドイツの企業にとっては，SEによって一元的システムを採用すれば，面倒な監査役会，およびそこにおける被用者の共同決定を避けることができる．もちろん，どちらを選ぶかはさまざまな考慮の上で決定されることであるが，ドイツの企業がSEを歓迎する背後には，共同決定の回避があることは確かである．〕

● C ● 外国株式会社の承認

　ヨーロッパの株式会社法にとって決定的な影響を与える変更をもたらしたのは，一連のヨーロッパ裁判所（EuGH）の判決である．これ

第9章 資本市場法およびヨーロッパ法との関係

らの判決は，Centros 事件〔1999年3月9日判決 C-212/97〕，Uberseering 事件〔2002年11月5日判決 C-208/00〕，Inspire Art 事件〔2003年9月30日判決 C-167/01〕，および，Sevic 事件〔2005年12月13日 C-411/03〕といった名前で知られている．核心は，ある構成国の会社はその国の法に従って取り扱われなければならない，ということである．外国の会社は，承認されなければならないというだけではない．それだけでなく，会社が設立された国の法に従って取り扱いもされなければならない．国際私法にとってこの意味は，会社の準拠法は設立地によって決められるということである．会社の事実上の所在地は，なんらの役割も果たさないのである〔授業では，Uberseering 事件が具体的に説明された．この事件では，当初デンマークで有限会社を経営していた夫婦が，その後イギリスに渡りそこで有限会社 (Limited) を設立した．もう一度デンマークに戻ってきてこの Limited をデンマークで登記しようとしたところ，デンマークの当局はこの Limited がデンマーク法に適合しないことから，登記を拒んだ．ヨーロッパ裁判所はこれがデンマークでも登記可能であることを認めた．これは移動の自由という基本権に関わる問題でもある〕．

　ドイツでは，これがイギリス有限会社 (Limited) のブームにまでなった．ヨーロッパ裁判所によれば，結局のところ，イギリスで Limited を設立し，しかし，ドイツで事業活動を行うことも可能である．裁判官は，この会社をイギリス法に従って裁判しなければならない．したがって，ドイツの株式会社も，将来は他のヨーロッパの会社形式と競争することになるのである〔アメリカ合衆国において会社法立法権限が各州にあり，州際会社法では設立地法が適用になることによって，企業にとって有利な会社法をもつ州（たとえば，デラウェア州）が設立地に選ばれると同様な現象が，ヨーロッパレベルでも起こる可能性がある．これは，ヨーロッパの指令による各国法の調和とは違った

C　外国株式会社の承認

手法の，ある種の「法の統一」のあり方である．ヨーロッパ共同体の指令による「上からの」法の統一に対して，各国法秩序の競争による，いわば「下からの」法の「統一」であり，この2つのパターンについて，学者の間でも論争がある］．

〈付　録〉

◇ ドイツ株式法略年譜 ◇

年	法 令 名
1807	フランス商法典（バーデンおよびプロイセン領ライン諸州で適用）
1836	ザクセン株式法草案
1836	私企業による公共鉄道の許可に関する基本条件
1838	プロイセン鉄道事業に関する法律
1840	ヴュルテンベルク王国商法典草案
1843	プロイセン株式法
1849	ドイツ一般商法典草案
1857	プロイセン諸国商法典草案
1857	ニュルンベルク会議（ドイツ一般商法典の審議および決議作成）
1861	ドイツ一般商法典 (ADHGB)
1870	第1次株式法改正法
1884	第2次株式法改正法
1897	商　法　典
1930	株式会社および株式合資会社法草案
1931	株式会社および株式合資会社法政府草案
1931	1931年9月19日および1931年10月6日緊急命令（「株式法小改革」）
1937	株　式　法
1965	株　式　法
1968	公示指令
1976	共同決定法
1976	資本保護指令
1989	一人会社指令
1994	小規模株式会社，および，株式法の規制緩和のための法律
1998	企業領域のコントロールおよび透明性のための法律
2001	記名株式および投票権行使の簡易化のための法律
2002	透明性および公示制度法
2004	買収指令
2005	企業の損害回復および取消権の現代化のための法律

付　録

◇ 株式会社（AG）および株式合資会社（KGaA）の普及 ◇[1]

年	AG・KGaA の数	AG・KGaA の基礎資本金額（単位：百万ユーロ）
1960	2627	16209
1970	2305	28430
1980	2147	46594
1990	2685	73977
1993	3085	85900
1994	3527	97152
1995	3780	108001
1997	4548	113289
1999	7375	133513
2000	10582	147629
2001	13598	166187
2003	15311	162131
2006	15422	162958

法実態としての株式会社・株式合資会社は，20世紀60年代以降継続的に普及してきたが，とりわけ，1997/98年に始まる急激な上昇は，広範な住民層が投資手段としての株式に向いていったということに，原因が求められる．2004年の16000近い会社のうち，上場していたのは840であった[2]．ドイツでは，株式会社の競争相手として有限会社が伸張してきた．この法形式は中・小規模の企業をほとんど完全に制覇しているだけでなく，大企業の一部までも捉えている〔たとえば，自動車部品の世界的企業 Bosch〕．株式会社と有限会社の比率は，今日では1：65（有限会社の全体数約996,000）である[3]．

---

(1) 表の作成は，DAI-Factbook 2006, 01-1 u. 02-6 から行った．

(2) Dax 30 会社の株主構成についての良い概観を与えるものとして，DAI（Deutsches Aktieninstitut：ドイツ株式協会）および Börsen-Zeitung の編集になる，Dax-Aktionäres- strukturen, 2005.

(3) Kornblum GmbHR 2007, 25ff.

事項索引

あ行

一元的システム……………………… 66
一体的設立〔発起設立〕…………… 45
一般公衆の利益……………………… 38
委任投票権…………………………… 81
因果関係の抗弁……………………… 121
インサイダー監視…………………… 154
インサイダー証券…………………… 155
インサイダー情報…………………… 155
インサイダー取引………………150, 154
隠蔽された現物出資………………… 54
訴え提起期間………………………… 120
ウルトラ・ヴァイレス原則………… 26
営業税………………………………… 99
営業年度……………………………… 82
営業報告書………………68, 75, 95, 96

か行

解　散………………………67, 79, 105
解散決議……………………………… 106
会　社…………………… 136, 137, 144
　──の公告………………………… 47
　──の終了………………………… 104
　──の成立………………………… 46
　──の利益………………………… 39
会社契約……………………………… 47
会社債権者…………………………… 110
会社財産の透明性…………………… 95
会社財産を用いた増資……………… 93
会社持分権…………………………… 22
外部金融……………………………… 88
外部的設立検査……………………… 50
隠された利益配当…………………… 92
確認書………………………………… 97
額面価額未満の発行………………… 91
貸　方…………………………… 30, 96
家族株式会社………………………… 40
合　併……………………19, 67, 79, 145
株　券………………………………… 22
株　式………………………………… 7
　──の引受け……………………… 47
株式公開買い付け…………………… 157
株式合資会社………………………… 12
株式詐欺……………………………… 11
株式譲渡制限………………………… 83
株式帳簿……………………………… 17
株式引受権…………………………… 90
株式法　→ドイツ株式法（AktG）
株　主………………………………… 28
　──の財産権……………………… 85
　──の締め出し…………………… 84
　──の誠実義務…………………… 35
株主価値……………………………… 34
株主権………………………………… 128
株主コミュニケーション権………… 85
株主総会……………………………… 6
　──の不文の権限………………… 80
株主総会決議………………………… 81
株主総会決議取消し………………… 120
　──の訴え………………………… 118
株主総会決議取消権………………… 84
株主総会決議無効…………………… 119
　──の訴え………………………… 118

事項索引

——の治癒 ………………… 119
株主登録簿 ……………………… 17
借　方 ………………………… 30, 96
簡易の減資 ……………………… 94
監査役会 ………………………… 10
監査役会メンバー …………… 129
監　視 …………………………… 68
勘定式 …………………………… 96
関与権 …………………………… 89
機関訴訟 ……………………… 114
期間の経過 …………………… 106
企　業 ………………………… 140
——の利益 ……………… 39
企業共同決定 …………………… 37
企業契約 ………………… 124, 143
企業レベル ……………………… 37
起　債 …………………………… 90
基準性の原則 …………………… 99
規制市場 ………………… 151, 153
基礎資本金 …………………… 29, 91
機能分化 ………………………… 70
基本資本金 ……………………… 30
基本的決定 ……………………… 68
基本的事項の決議 ……………… 81
基本的事項の決定 ……………… 79
記名株式 …………………… 17, 83
競争制限禁止法（GWB） …… 142
共同管理権 ……………………… 85
共同決定権 ……………………… 37
共同決定法（MitBestG） …… 16, 38
許可主義 ………………………… 8
銀行投票権 ……………………… 15
金銭出資 ………………………… 49
金融市場 ………………… 18, 150
組込み …………………… 124, 143

繰越利益金 ……………………… 94
経済的利益拘束 ……………… 140
計　算 …………………… 19, 95
形式変更 ……………………… 145
継続的収益性 …………………… 69
契約コンツェルン ……… 139, 143
決算検査人 ……………… 14, 63
決算報告書 ……………………… 63
検査報告書 ……………………… 51
減　資 …………………………… 94
現実的支払不能 ……………… 107
現物出資 ………………………… 46
現物出資設立 …………………… 52
現物引受け ……………………… 52
権利能力 ……………………… 114
権力分立と権力の噛み合わせ … 79
権利濫用 ……………………… 123
行為者責任 ……………………… 61
鉱業部門共同決定（法） …… 15, 38
公　告 ………………………… 110
公　示 …………… 16, 53, 149, 154
合資会社 ………………………… 31
公示指令 ……………………… 160
公証人 …………………………… 46
——による認証 ………… 47
構成員資格 ……………………… 83
強盗まがいの株主 …………… 122
公法上の株式会社 ……………… 41
合名会社 ………………………… 59
国際会計基準 …………………… 96
固定金額請求権 ………………… 89
コーポレート・ガバナンス …… 17
混合経営株式会社 ……………… 41
混合出資 ………………………… 52
コンツェルン …………… 14, 134

170

——の利益	139
コンツェルン形成コントロール	139
コンツェルン指導コントロール	139
コンツェルン法	134
コントロール義務	74

さ 行

債権者保護	91
最高議決権	17
最高執行役員	70
財産移転	145
財産の混合	28
財産不存在	108
最低額面額	16
最低責任資本金	29
債務超過	107
債務超過貸借対照表	107
資格譲渡	81
事業規則	69
事業執行	68
事業執行措置	127
事業所共同決定	37
事業所構成法	15
事業所レベル	37
事業の目的	47
自己株式	14, 83
自己金融	88
自己資本	22, 88
自己資本金融	148
事後設立	55
事実上のコンツェルン	143
市 場	151
事前負担責任	61
執行役員	66
実際的調和の原則	34
実質的資本充実	50
実体的確定力	118
支配企業	135
支配契約	136
資本維持	19, 29
資本市場	88
資本市場規制	18
資本市場法	37, 149
資本充実	29
資本集積所	23
資本準備金	33
資本措置	19, 119, 124
資本調達	5, 19, 79
資本保護指令	160
資本流通の自由	160
社 債	23
社 団	26
従 属	136, 137, 140, 141, 144
従属会社	135, 142
集中排除	136
自由取引	151
収入半減手続	100
授権資本	14, 93
受託投票権	17, 81
出資金	22
守秘義務	78
準拠主義	10
準備金	94, 98
償還金税	100
小規模会社	95
小規模株式会社	16
商業登記簿	10
条件付資本	14
条件付増資	93
商 号	47

事項索引

上場会社…………………………… *18*
上場株式会社……………………… *95*
少数株主権………………… *11, 85, 86*
少数株主の保護…………………… *34*
承諾段階………………………… *159*
譲渡禁止の記名株式……………… *41*
情報義務…………………………… *67*
情報拒絶権……………………… *116*
情報請求権………………… *36, 85, 116*
情報提供義務………………… *75, 151*
商法典(HGB)……………… *10, 11, 15*
剰余金額請求権…………………… *89*
助言義務…………………………… *74*
所在地……………………………… *47*
所得税……………………………… *99*
所得税法(EstG)…………………… *99*
新　株……………………………… *92*
新市場…………………………… *149*
人的会社………………………… *25, 31*
Squeeze Out ……………… *84, 124, 137*
ストック・オプション…………… *93*
清　算……………………… *105, 109*
清算会社………………………… *105*
清算価値………………………… *107*
清算金分配受給権………………… *85*
清算手続き……………………… *104*
清算人…………………………… *109*
誠実義務…………………… *84, 130*
責任資本…………………………… *29*
責任制限…………………………… *5*
責任のレジーム…………………… *72*
設権的効力………………………… *51*
設　立……………………………… *44*
　　──の局面…………………… *46*
設立検査…………………………… *50*

設立時株主………………………… *48*
設立中の会社……………………… *48*
設立中の株式会社………………… *48*
設立報告書………………………… *50*
設立前の会社……………………… *47*
設立前の局面……………………… *46*
漸次設立…………………………… *45*
増　資……………………… *55, 93*
総有的組合………………………… *48*
組織市場………………………… *151*
組織変更…………………… *44, 79, 145*
組織変更法(UmwG)… *45, 109, 144, 145*
租税上の機関…………………… *100*
損益計算書………………………… *95*
損害賠償請求権…………… *18, 129*
損失填補責任……………………… *61*
存続価値………………………… *107*

た 行

対外的責任………………………… *61*
貸借対照表………………… *30, 95*
貸借対照表上の利益……… *24, 30*
貸借対照表指令………………… *161*
貸借対照表不足責任……………… *61*
大衆会社…………………………… *31*
対内的責任………………………… *61*
代　表……………………………… *68*
代理権濫用………………………… *71*
他者金融…………………………… *88*
他者資本…………………………… *88*
他者資本金融…………………… *148*
多数株主…………………………… *35*
他人資本…………………………… *23*
段階的設立〔募集設立〕………… *45*
短期的利益最大化………………… *69*

事項索引

単純設立……………………………45
単純多数票…………………………81
団体 (Körperschaft) ………………25
中規模株式会社……………………95
直接請求責任………………………28
通常株主総会………………………82
積上げ式……………………………96
TOB ………………………………157
定　款……………………………7, 47
　──の瑕疵…………………108, 111
　──の変更…………………79, 90
定款厳正……………………………47
転換権………………………………14
転換社債……………………………90
電子版商業登記簿…………………98
電子版連邦公報……………………110
ドイツ一般商法典 (ADHGB) ………9
ドイツ株式法 (AktG) ………19, 30
　1937年──…………………15, 38
　1965年──………………………15
ドイツ・コーポレート・ガバナンス・コ
　ード………………………………69
同意留保権…………………………76
登　記………………………………10
倒　産………………………………107
倒産手続……………………………107
倒産法 (InsO) ……………………107
投資会社……………………152, 156
投資株式会社………………152, 156
投資家保護…………………………37
投資家・模範手続法………………19
投資財産……………………156, 157
当事者能力…………………………114
同時設立……………………………45
投資引揚げの自由…………………106

投資法 (InvG) ……………………156
投資持分販売………………………157
投票権代理人………………………81
透明性……………………………150, 154
同役制機関…………………………69
同役制の原則………………………70
特別株主総会………………………82
特別検査……………………………79
特別財産……………………………156
特別設立……………………………45
特別多数……………………………81
特別多数決…………………………57
特別利益……………………………58
　──の付与………………………52
匿名会社……………………………7
土地税………………………………99
特許主義……………………………4
特許状………………………………5
取消しの訴えの原告適格…………120
取消しの訴えの被告適格…………120
取締役会……………………………10
取締役会議長………………………69
取締役会構成員……………………26
取締役会メンバー…………………129
取引所………………………………150
取引所法 (BörsG) ………………62, 153

な 行

内部金融……………………………88
内部的設立検査……………………50
二元的システム……………………66
年度決算……………………………14
年度決算書…………………………30, 68
年度貸借対照表……………………95

事項索引

は 行

「灰色」資本市場 ……………………… *150*
買　収 ………………………………… *157*
買収法 ………………………………… *157*
買収申込み …………………………… *157*
配　当 ………………………………… *89*
配当権 ………………………………… *85*
配当請求権 …………………………… *24*
配当利益の二重課税 …………… *99, 100*
バッタの討論 ………………………… *34*
払戻し請求権 ………………………… *89*
販売公示 ……………………………… *151*
販売目論見書 ………………………… *157*
引受権 ………………………………… *14*
非組織(取引所外)市場 ……………… *151*
必要的記載事項 ……………………… *30*
一人会社指令 ………………………… *161*
被用者代表 …………………………… *15*
被用者の利益 ………………………… *37*
平等取扱い原則 ……………………… *36*
ファンド(Fonds) …………………… *156*
部外者機関構成 ……………………… *36*
複数議決権 …………………………… *17*
複数議決権株 ………………………… *14*
付属明細書 …………………………… *95*
部門化 ………………………………… *70*
部門組織 ……………………………… *70*
フランス商法典(CdC) …………… *4, 7*
分　割 …………………………… *19, 145*
閉鎖会社 ……………………………… *84*
閉鎖期間 ……………………………… *110*
ヘッジファンド ……………………… *34*
貿易会社 ……………………………… *4, 5*
報告義務 …………………………… *37, 156*

法　人 …………………………… *7, 26*
法人税法(KStG) …………………… *99*
法人税率 ……………………………… *99*
法定準備金 …………………………… *24*
法定訴訟担当 ………………………… *18*
放免手続 ……………………………… *123*
保管銀行 ……………………………… *156*
補償金調整手続 ………………… *120, 124*
補償金調整手続法(SpruchG) …… *124*
発起人 ………………………………… *45*
　　──の責任 …………………… *62*

ま 行

抹　消 ………………………………… *104*
無額面株 ……………………………… *81*
無記名証券 …………………………… *83*
無限責任社員 ………………………… *32*
無効宣言 ………………………… *105, 111*
申込事後段階 ………………………… *159*
申込事前段階 ………………………… *158*
申込段階 ……………………………… *158*
目的論的企業概念 …………………… *140*
目論見書強制 …………………… *151, 152*
目論見書責任 …………………… *152, 153*
持　分 ………………………………… *5*
持分証券 ……………………………… *156*

や 行

役員会 ………………………………… *66*
役員保険 ……………………………… *73*
有価証券取得申込み ………………… *158*
有価証券取引 ………………………… *154*
有価証券取引法(WpHG) … *18, 149, 154*
有価証券買収法(WpÜG) ………… *157*
有価証券販売目論見書法

事項索引

(VerkProspG) …………………… 152
有価証券目論見書法(WpPG) ……… 18
有限会社法(GmbHG) …… 4, 20, 28, 31
ヨーロッパ会社(SE) …………… 162
ヨーロッパ株式会社 …………… 32, 66

ら 行

濫用的株主訴訟 ………………… 125
利益繰越し …………………………… 98
利益準備金 …………………………… 98
利益処分 ……………………………… 97
利益処分提案書 ……………………… 97
利益配当社債 ………………………… 90
利益払込契約 ……………………… 143
連邦金融サービス監督機構(BaFin)
………………………… 153, 156
連邦憲法裁判所 ……………………… 77
連邦公報 ……………………………… 98

わ 行

和解割増料 …………………… 126

A〜Z

ARAG/Garmenbeck 事件 ……… 115
Girmes 判決 ………………… 35, 131
Holzmüller 原則 …………………… 80
Holzmüller 事件 ……………… 80, 127
ITT 事件 …………………………… 130
Linotype 事件(判決) ………… 106, 130
Opel 事件 ………………………… 115
Tri-Hotel 判決 ……………………… 29
Uberseering 事件 ………………… 164

条文索引

株式法（AktG）

§ 1	25
§ 1 Abs. 1	25, 26, 28, 91
§ 1 Abs. 2	29
§ 2	47, 83, 161
§ 3 Abs. 1	30, 95
§ 7	29
§ 9	91
§ 11	111
§ 15	134, 136, 143
§ 15 ff.	134, 140
§ 16	142
§ 17	143
§ 17 Abs. 1	142
§ 17 Abs. 2	142
§ 18	134, 142
§ 18 Abs. 1	142
§ 19	142
§ 20–22	140
§ 23–53	47
§ 23 Abs. 1	47, 48
§ 23 Abs. 2	30, 48, 105
§ 23 Abs. 3	47
§ 23 Abs. 5	40, 47, 106
§ 25	110
§ 26	46
§ 26 Abs. 1	58
§ 26 Abs. 3	58
§ 27	52, 56, 84
§ 27 Abs. 1	46, 52, 53
§ 27 Abs. 2	53
§ 29	45, 48, 83
§ 30	49
§ 30 Abs. 1	49
§ 30 Abs. 2	49
§ 30 Abs. 3	49
§ 30 Abs. 4	49
§ 31 Abs. 1	49
§ 32–34	52
§ 32 Abs. 1	50
§ 32 Abs. 3	58
§ 33 Abs. 1	50
§ 33 Abs. 2	50, 59
§ 34 Abs. 1	50
§ 34 Abs. 2	50
§ 36 Abs. 1	50
§ 36 Abs. 2	49
§ 36a Abs. 1	49
§ 36a Abs. 2	49, 53
§ 37	50
§ 37 Abs. 1	51
§ 37 Abs. 2	51
§ 37 Abs. 3	59
§ 38 Abs. 1	51
§ 38 Abs. 2	52, 54
§ 38 Abs. 3	51
§ 41 Abs. 1	26, 48, 59, 61
§ 46	62
§ 46 Abs. 1	62
§ 46 Abs. 2	62
§ 47	62
§ 48	62
§ 49	63
§ 50	80

条文索引

§ 52 ·················· 56	§ 90 ·················· 75
§ 52 Abs. 2 ············ 57	§ 90 Abs. 3 ············ 114
§ 52 Abs. 3 ············ 57	§ 91 ·················· 68
§ 52 Abs. 4 ············ 57	§ 92 ·················· 108
§ 52 Abs. 10 ··········· 57	§ 92 Abs. 1 ············ 108
§ 53a ················· 36, 85	§ 92 Abs. 2 ············ 108
§ 54 ·················· 84	§ 93 ·················· 72, 80, 128
§ 54 Abs. 3 ············ 50	§ 93 Abs. 1 ············ 72
§ 57 ·················· 91	§ 93 Abs. 2 ············ 72
§ 57 Abs. 3 ············ 29	§ 93 Abs. 4 ············ 73
§ 58 Abs. 2 ············ 98	§ 93 Abs. 5 ············ 73
§ 58 Abs. 3 ············ 98	§ 100 Abs. 2 ··········· 76
§ 58 Abs. 4 ············ 85, 98	§ 101 Abs. 3 ··········· 77
§ 62 ·················· 92	§ 102 ················· 76
§ 62 Abs. 1 ············ 110	§ 105 ················· 76
§ 66 Abs. 1 ············ 91	§ 107 Abs. 1 ··········· 77
§ 68 ·················· 83	§ 107 Abs. 3 ··········· 77
§ 68 Abs. 2 ············ 83	§ 108 Abs. 1 ··········· 77
§ 71 ·················· 92	§ 108 Abs. 4 ··········· 77
§ 71 Abs. 1 ············ 83	§ 111 Abs. 1 ··········· 74
§ 71b ················· 83	§ 111 Abs. 2 ··········· 75
§ 76 ·················· 68	§ 111 Abs. 3 ··········· 82
§ 76 Abs. 1 ············ 79, 127, 144	§ 111 Abs. 4 ··········· 75, 76
§ 76 Abs. 2 ············ 69	§ 111 Abs. 5 ··········· 77, 78
§ 77 Abs. 1 ············ 69	§ 116 ················· 80
§ 78 Abs. 1 ············ 70	§ 117 ················· 129
§ 78 Abs. 2 ············ 70	§ 117 Abs. 1 ··········· 129
§ 78 Abs. 3 ············ 70	§ 118 Abs. 1 ··········· 127
§ 82 Abs. 1 ············ 71, 109	§ 118 Abs. 2 ··········· 82
§ 83 ·················· 68	§ 119 ················· 79, 81
§ 83 Abs. 2 ············ 79	§ 119 Abs. 1 ··········· 79, 127
§ 84 ·················· 75	§ 119 Abs. 2 ··········· 79, 128
§ 84 Abs. 1 ············ 71, 74	§ 120 Abs. 1 ··········· 82
§ 84 Abs. 2 ············ 69	§ 121 ················· 119
§ 84 Abs. 3 ············ 72, 74	§ 121 Abs. 1 ··········· 39

§ 121 Abs. 2	82	§ 189	93
§ 121 Abs. 6	119	§ 191	93
§ 122	35, 82, 86	§ 192	93
§ 122 Abs. 1	86	§ 192 Abs. 2	93
§ 122 Abs. 2	86	§ 202	93
§ 127a	85	§ 202 Abs. 1	93
§ 129 Abs. 3	81	§ 202 Abs. 3	93
§ 130	82, 119	§ 207	93
§ 131	36, 85, 116	§ 212	94
§ 131 Abs. 2	116	§ 221	90
§ 131 Abs. 3	116, 117	§ 221 Abs. 4	90
§ 132 Abs. 1	117	§ 222 Abs. 1	94
§ 132 Abs. 4	117	§ 222 Abs. 3	94
§ 134	81	§ 225	89, 94
§ 134 Abs. 3	81	§ 229	94, 95
§ 135	81	§ 230	94
§ 142	79, 86	§ 232	94
§ 148	73	§ 233	94
§ 150	85, 95	§ 241	119, 120
§ 150 Abs. 1, Abs. 2	98	§ 242	119
§ 161	98	§ 242 Abs. 1	119
§ 170	97	§ 242 Abs. 2	120
§ 171	75	§ 243	85, 119
§ 171 Abs. 1	75, 97	§ 243 Abs. 1	120, 121
§ 171 Abs. 2	97	§ 243 Abs. 2	84
§ 172 S. 1	97	§ 243 Abs. 4	122
§ 175 Abs. 1	82	§ 245	118, 120
§ 179	35, 92, 112	§ 246 Abs. 1	120
§ 181 Abs. 3	123	§ 246 Abs. 2	120
§ 182	92	§ 246a	124
§ 184	92	§ 249	118
§ 185	83, 92	§ 249 Abs. 1	118
§ 186	92	§ 250	119
§ 188	93	§ 253	119
§ 188 Abs. 2	92	§ 254	98

条文索引

§ 256 ...... *119*
§ 262 Abs. 1 ...... *105, 106, 108*
§ 263 ...... *105*
§ 264 ...... *104, 107*
§ 264 Abs. 1 ...... *104, 109*
§ 264 Abs. 2 ...... *109*
§ 265 Abs. 1 ...... *109*
§ 268 Abs. 1 ...... *110*
§ 268 Abs. 2 ...... *109, 110*
§ 269 ...... *110*
§ 271 ...... *85, 89*
§ 271 Abs. 1 ...... *110*
§ 271 Abs. 2 ...... *110, 111*
§ 272 ...... *89*
§ 272 Abs. 1 ...... *110*
§ 275 Abs. 1 ...... *111*
§ 275 Abs. 2 ...... *111, 112*
§ 276 ...... *112*
§ 277 ...... *105*
§ 277 Abs. 1 ...... *104, 105, 111*
§ 278–290 ...... *32*
§ 291 ...... *134, 142*
§ 291 Abs. 1 ...... *143*
§ 293a-293g *137*
§ 308 ...... *143*
§ 308 Abs. 1 ...... *139*
§ 311–318 ...... *142*
§ 311 ...... *137*
§ 311 Abs. 1 ...... *144*
§ 317 ...... *144*
§ 318 ...... *144*
§ 319 Abs. 6 ...... *124*
§ 327a *84, 124*
§ 327a Abs. 1 ...... *124*
§ 327a-f *137*

§ 327e Abs. 2 ...... *124*
§ 401 ...... *108*

競争制限禁止法（GWB）
§ 35 ...... *135*
§ 36 Abs. 2 ...... *142*

共同決定法（MitbestG）
§ 29 Abs. 2 ...... *38*
§ 33 ...... *69*

商法典（HGB）
§ 1 ...... *59*
§ 6 ...... *30*
§ 105 Abs. 1 ...... *145*
§ 238–341o *161*
§ 242 ...... *95*
§ 264 ...... *95*
§ 264 Abs. 1 ...... *68, 96, 97*
§ 266 ...... *96*
§ 267 ...... *96*
§ 267 Abs. 1 ...... *95*
§ 267 Abs. 2 ...... *95*
§ 267 Abs. 3 ...... *95*
§ 283 ...... *96*
§ 284 ...... *96*
§ 289 ...... *96*
§ 315a *96*
§ 317 Abs. 1 ...... *97*
§ 317 Abs. 2 ...... *97*
§ 322 ...... *97*
§ 323 Abs. 1 ...... *63*
§ 323 Abs. 2 ...... *63*
§ 323 Abs. 3 ...... *63*
§ 323 Abs. 4 ...... *63*
§ 325 ...... *98*
§ 326 ...... *98*
§ 327 ...... *98*

条文索引

所得税法（EstG）
§ 2 Abs. 1 ……… *99*
§ 5 Abs. 1 ……… *99*
§ 20 Abs. 1 ……… *99*

組織変更法（UmwG）
§ 1 Abs. 2 ……… *145*
§ 2 Abs. 1 ……… *109*
§ 16 Abs. 3 ……… *124*
§ 60 ……… *146*
§ 65 ……… *79*
§ 65 Abs. 1 ……… *138*
§ 73 ……… *79*
§ 123 Abs. 1 ……… *109*
§ 174 ……… *109*

ドイツ基本法（GG）
Art. 14 Abs. 2 ……… *38*

倒産法（InsO）
§ 17 Abs. 2 ……… *107*
§ 19 Abs. 2 ……… *107*

投資法（InvG）
§ 2 Abs. 6 ……… *156*
§ 30 Abs. 1 ……… *156*
§ 33 Abs. 1 ……… *156*
§ 121 ……… *152, 157*
§ 127 ……… *152, 157*

取引所法（BörsG）
§ 44–47 ……… *153*
§ 44 ……… *62*
§ 44 Abs. 1 ……… *153*
§ 48 ……… *153*
§ 55 ……… *62*

非訟裁判事件に関する法律（FGG）
§ 127 ……… *123*
§ 144a ……… *108*
§ 141a Abs. 1 ……… *104*

§ 144a Abs. 1 ……… *108*

法人税法（KStG）
§ 1 Abs. 1 ……… *99*
§ 8 Abs. 1 ……… *99*
§ 23 Abs. 1 ……… *99*

補償金調整手続法（SpruchG）
§ 1 SpruchG ……… *124*

民事訴訟法（ZPO）
§ 50 ……… *114*

民法典（BGB）
§ 21 ……… *26*
§ 31 ……… *26, 73*
§ 705 ……… *46*
§ 726 ……… *47*
§ 823 Abs. 2 ……… *110*
§ 826 ……… *29*
§ 929 ……… *83*

有価証券取引法（WpHG）
§ 2 Abs. 5 ……… *151*
§ 12 ……… *155*
§ 13 ……… *155*
§ 14 ……… *154, 155*
§ 15 ……… *37*
§ 15 Abs. 1 ……… *155*
§ 21 Abs. 1 ……… *37, 155, 156*
§ 38 ……… *155*
§ 39 ……… *155*

有価証券買収法（WpÜG）
§ 1 Abs. 1 ……… *158*
§ 10 Abs. 1 ……… *158*
§ 10 Abs. 5 ……… *158*
§ 11 Abs. 2 ……… *158*
§ 23 Abs. 1 ……… *159*
§ 23 Abs. 2 ……… *159*
§ 29 Abs. 1 ……… *158*

条文索引

§ 29 Abs. 2 ……………… *158*
§ 32 ……………… *158*
§ 33 Abs. 1 ……………… *159*
§ 35 Abs. 2 ……………… *158*

有価証券販売目論見書法
（VerkProspG）

§ 8f Abs. 1 ……………… *152*
§ 8g ……………… *153*
§ 13 ……………… *62, 152*
§ 13 Abs. 1 ……………… *153*

有価証券目論見書法（WpPG）

§ 1 Abs. 1 ……………… *152*
§ 1 Abs. 2 ……………… *152*
§ 3 ……………… *37*
§ 5-8 ……………… *152*
§ 5 Abs. 1 ……………… *153*
§ 13 ……………… *153*
§ 14 ……………… *153*

有限会社法（GmbHG）

§ 15 Abs. 3 ……………… *32*

ヨーロッパ共同体条約（EGV）

Art. 3 Abs. 1 ……………… *160*

〈著者紹介〉
ヴェルンハルト・メーシェル
1941年生まれ
チュービンゲン大学正教授：経済法
連邦経済・技術省「学術諮問委員会」委員，座長（2000-2004）
通信制度政府委員会委員(1985-1987)，独占委員会委員(1989-2000：最後は座長)，研究・テクノロジー・イノベーション連邦首相拡大諮問委員会委員(1995-1996)，ドイツ連邦議会ニュー・メディア調査委員会委員(1996-1998).

〈訳者紹介〉
小川 浩三（おがわ・こうぞう）
1953年　新潟生まれ
1976年　東京大学法学部卒業
1981年　東京大学大学院法学政治学研究科博士課程単位取得退学
現　在　桐蔭横浜大学法学部教授：比較法・法史学

桐蔭横浜大学ドイツ法講義シリーズ2

ドイツ株式法

2011年2月5日　第1版第1刷発行
5542-0101　P200：Y3200E：b080

著　者　ヴェルンハルト・メーシェル
訳　者　小　川　浩　三
発行者　今　井　　　貴
発行所　信山社出版株式会社
〒113-0033　東京都文京区本郷 6-2-9-102
電　話　03-3818-1019
FAX　03-3818-0344
info@shinzansha.co.jp
出版契約 5542-01011　Printed in Japan

©W.メーシェル／小川浩三　2011，印刷・製本／東洋印刷・渋谷文泉閣
ISBN978-4-7972-5542-3　C3332　分類 325.900-b003　外国会社法・株式会社法

JCOPY 〈(社)出版者著作権管理機構 委託出版物〉
本書の無断複写は著作権法上での例外を除き禁じられています。複写される場合は，そのつど事前に，(社)出版者著作権管理機構(電話03-3513-6969, FAX 03-3513-6979, e-mail: info@jcopy.or.jp) の許諾を得てください。

最新刊

大村敦志 著 **フランス民法**

潮見佳男 著 **債務不履行の救済法理**

潮見佳男 著
プラクティス民法 債権総論〔第3版〕

木村琢麿 著
プラクティス行政法

山川隆一 編
プラクティス労働法

柳原正治・森川幸一・兼原敦子 編
プラクティス国際法講義

―― 信山社 ――

広中俊雄 編著　〔協力〕大村敦志・岡孝・中村哲也

日本民法典資料集成
第一巻　民法典編纂の新方針

【目次】
『日本民法典資料集成』（全二五巻）への序
全巻凡例　日本民法典編纂史年表
全巻総目次（第一部細目次）
第一部　民法典編纂の新方針　総説
新方針＝民法修正の基礎
Ⅰ　Ⅱ　Ⅲ　Ⅷ　Ⅶ Ⅵ Ⅴ Ⅳ
法典調査会の作業方針
甲号議案審議前に提出された乙号議案とその審議
民法目次案とその審議
甲号議案審議以後に提出された乙号議案
第一部あとがき（研究ノート）

来栖三郎著作集Ⅰ～Ⅲ

《解説》
安達三季生・池田恒男・岩城謙二・清水醇・須永醇・瀬川信久・田島裕・利谷信義・唄孝一・久留都茂子・二藤邦彦・山田卓生

法律家・法の解釈・財産法　1 法の解釈適用と法の遵守　2 法律家　3 法の解釈における慣習――フィクション論につらなるもの　4 法律家・法の解釈における慣習と法たる慣習の意義　5 法の解釈における制定法の意義　6 いわゆる事実たる慣習について　7 法の解釈における慣習と法たる慣習　8 学界展望・民法　9 民法における財産法と身分法　10 立木取引における明認方法について　11 財産法全般・契約法を除く
証券　12 当事者の範囲および方法について日独両法の比較研究　13 契約法と不利得法　14 債権の準占有と免責証券　15 契約法（契約総則・物権）
契約法判例評釈　16 日本の贈与法　17 第三者のためにする契約　（二）債権・その他C　18 日本の手付法　19 小売商人の瑕疵担保責任　20 民法上の組合の訴訟当事者能力　＊財産法判例評釈（一）（二）債権・その他D　親族法・相続・（3）判例
家族法判例評釈（親族・相続）　21 内縁関係に関する学説の発展（三）の問題と戸籍の訂正　23 種継陳重先生の自由離婚論「親族法先生の研究「講義」について　25 日本の養子法　26 中川善之助「日本親族法」について　29 中川善之助「日本親族法」（紹介）　30 相続税と相続制度　31 遺言の取消　32 lower について F その他　家族法に関する論文　33 戸籍法と親族相続法　34 中川善之助「身分法の総則的課題――身分権及び身分行為」（新刊紹介）　＊家族法判例評釈（親族・相続）　付　略歴・業績目録

信山社

ハンス=ユルゲン・ケルナー 著
小川浩三 訳
ドイツにおける刑事訴追と制裁
成年および少年刑事法の現状分析と改革構想
桐蔭横浜大学ドイツ法講義シリーズ1

クラウス・シュテルン 著
ドイツ憲法I
総論・統治編
赤坂正浩・片山智彦・川又伸彦・小山剛・高田篤 編訳
棚澤剛・大石和彦・神橋一彦・駒林良則・須賀博志
玉蟲由樹・丸山敦裕・亘理興一 訳

ドイツ憲法II
基本権編
井上典之・鈴木秀美・宮地基・棟居快行 編訳
伊藤嘉規・浮田徹・岡田俊幸・小山剛・杉原周治
西土彰一郎・春名麻季・門田孝・山崎栄一・渡邉みのぶ 訳

クラウス・ロクシン 著 **ロクシン刑法総論**
監修 平野龍一／監訳 町野朔・吉田宣之
第1巻（第3版）翻訳第1分冊
監訳 山中敬一
第1巻（第4版）翻訳第2分冊
第2巻 翻訳第1分冊 続刊

信山社